ユダの謎 キリストの謎

―こんなにも怖い、真実の「聖書」入門―

三田誠広

祥伝社黄金文庫

装丁　盛川和洋
図版作製　J-ART

文庫本のためのまえがき

このたび文庫本として再刊されることになったこの本は、十五年ほど前に祥伝社の新書NON・BOOKシリーズの一冊として世に出したものだ。書いた本人が忘れていたこの本が再び日の目を見るのは、著者としてはたいへん喜ばしいことだ。担当者の話では、最近、いわゆるグローバル化が進む中で、宗教の入門書がよく売れているということだ。キリスト教圏の人々とコミュニケーションをとるためには、宗教の知識が不可欠だと感じるビジネスマンが多いようだ。確かに一般の日本人にとって、あの十字架にかかったイエス・キリストの姿に、どのような意味があるかということは、ある程度の知識がなければ理解しがたいことだろう。

この本は単なる入門書ではない。イエスを裏切ったとされるイスカリオテのユダに焦点を当て、人間としてのイエスの姿を読者の前に描き出そうとした試みであり、一般的なキリスト教徒が読んだら、驚いて腰を抜かすようなことが書いてある。しかしそれは、『新約聖書』に収録された四つの福音書を読み比べ、読み解くことによって必然的に浮かび上がってくるイエス像だ。ただ読者の理解を得るために、聖書の内容をわかりやすく紹介し、難解なたとえ話を解説したり、ふつうの入門書では触れられることのないドキッとするような豆知識《トリビア》をちりばめてある。だから入門書としても役立つことは間違いない。

トム・ハンクスが主演した『ダ・ヴィンチ・コード』を始め、キリスト教をテーマにした小説や映画も数多い。ヨーロッパに旅行すると、どの街でも一番の観光名所は教会だし、美術館に行けばイエスやマリアを描いた絵画が必ずある。欧米の文化を楽しむためにもキリスト教の知識は欠かせない。また欧米の男性のファーストネームは、十二使徒の名前から採られることが多い。ジョンとかピーターとかいった人たちと付き合うために、その名前の由来を知っていることは、必ず役に立つことだろう。

二〇一九年一〇月

三田誠広《みたまさひろ》

まえがき

キリストとは何か、というのが本書のテーマだが、これは本質的な問いである。新書サイズの入門書や解説書で、そこまで深く問題を掘り下げる例は少ないだろう。本書では可能な限りコンパクトに、わかりやすく、キリストの本質について述べることにした。

キリストという言葉はギリシャ語である。これはヘブライ語のメシアを翻訳したものであるから、キリストとは何かという問いは、メシアとは何かという問いに変換されなければならない。イエスと呼ばれた人物がメシアであったということが、キリスト教の基礎になっているのだが、じつはこのメシアというイメージには、イエス自身の考え方と、イエスを支持した民衆との間に、微妙なズレがあった。そのことが、ユダの裏切りから十字架による処刑に到る、壮絶なドラマを引き起こした。

カギを握るのは、イスカリオテのユダと呼ばれる使徒である。最後の晩餐《ばんさん》ではイエスの左隣に座り（レオナルド・ダ・ヴィンチの絵は間違っている）、教団の財政を担当し、明らかにナンバー2の地位にあったこの人物が、なぜイエスを裏切ることになったのか。

イエスが死に到った経緯を語る文書は『新約聖書』に収められた、四つの福音書しかない。いまから半世紀前にナイル川の砂の下から発見された外典『トマスによる福音書』や、ほぼ同じ頃に死海の近くの洞窟で発見された『死海文書』を加えても、資料は限られている。しかし限られた材料を集めて推理することには、知的なスリルがある。

イエスが活躍した時代のユダヤは、ローマ軍に支配されていた。その屈辱感が、メシアの出現に熱狂する民衆のエネルギーになっていた。そう考えてみれば、現在も世界中に同じ状況がある。いまだに米軍が駐屯している日本とも無縁ではない。イエスはある意味では過激な思想家であった。その恐るべき思想の全容を、読者とともに解明していきたい。

二〇〇四年一〇月二五日

三田　誠広

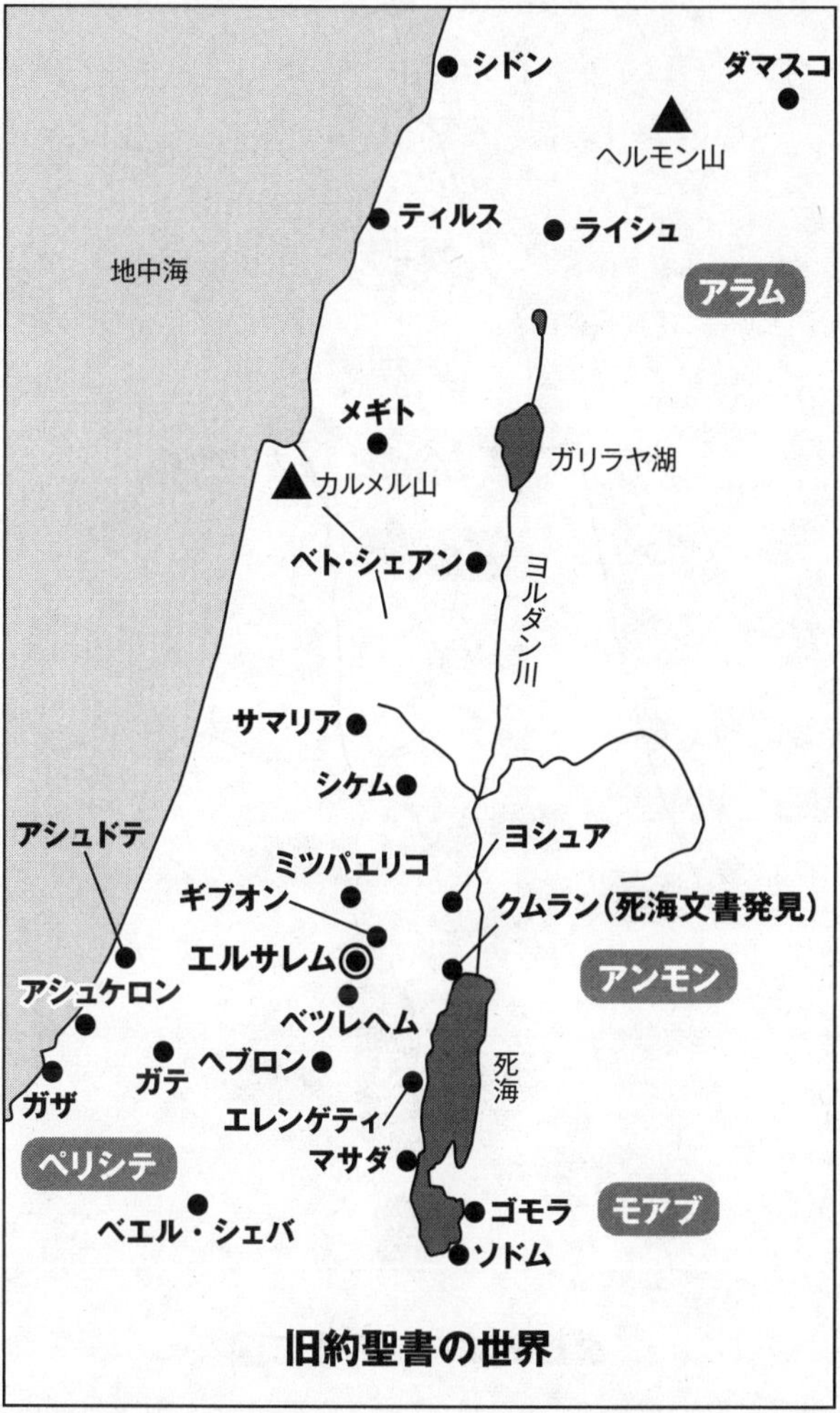
シドン
ダマスコ
ヘルモン山
ティルス
ライシュ
地中海
アラム
メギト
ガリラヤ湖
カルメル山
ベト・シェアン
ヨルダン川
サマリア
シケム
アシュドテ
ヨシュア
ミツパエリコ
ギブオン
クムラン（死海文書発見）
エルサレム
アンモン
アシュケロン
ベツレヘム
ヘブロン
ガテ
死海
ガザ
エレンゲティ
マサダ
ペリシテ
ゴモラ
モアブ
ベエル・シェバ
ソドム
旧約聖書の世界

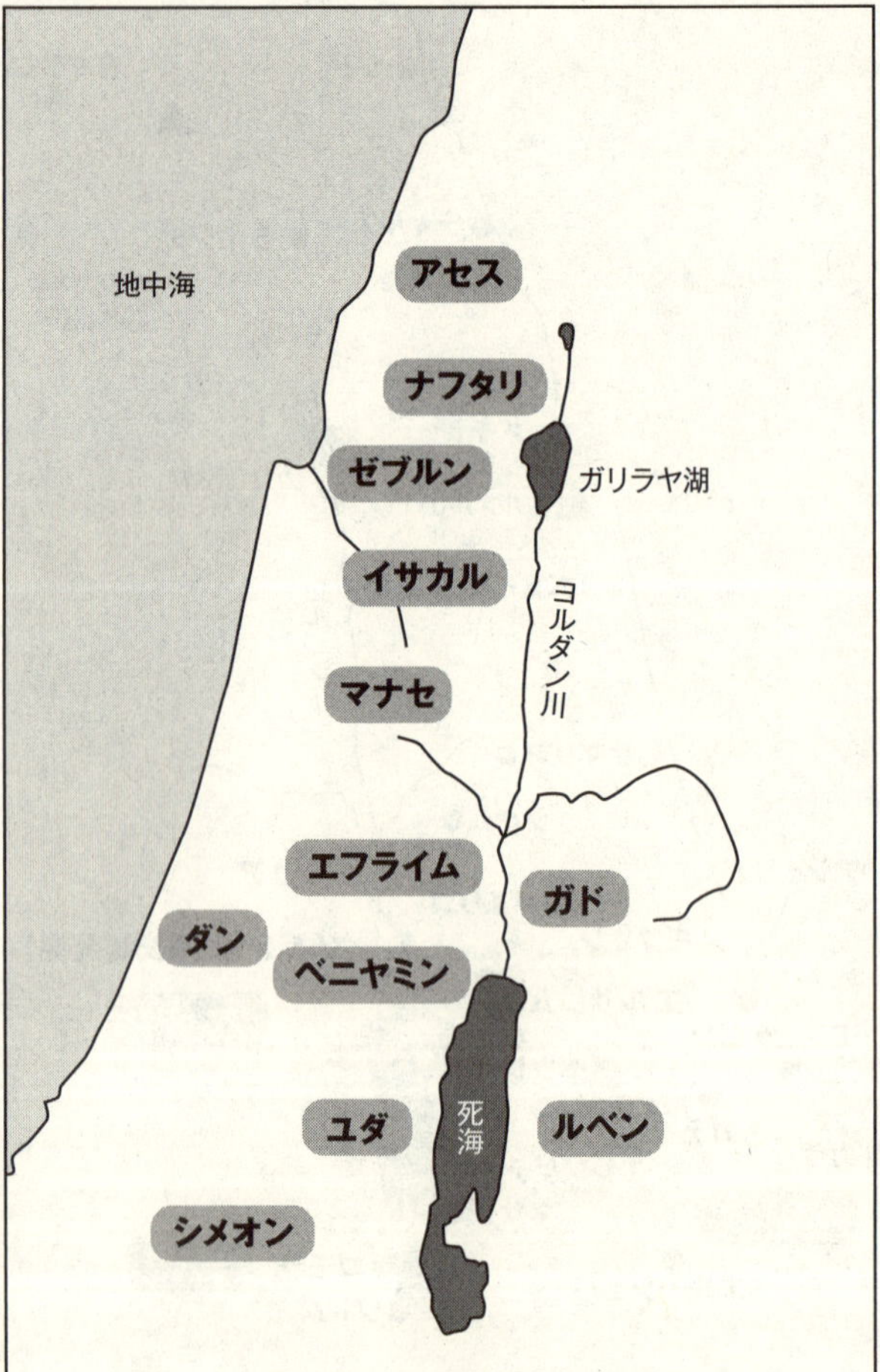
地中海
アセス
ナフタリ
ゼブルン
ガリラヤ湖
イサカル
ヨルダン川
マナセ
エフライム
ガド
ダン
ベニヤミン
死海
ユダ
ルベン
シメオン

ダビデ統一前の十二国

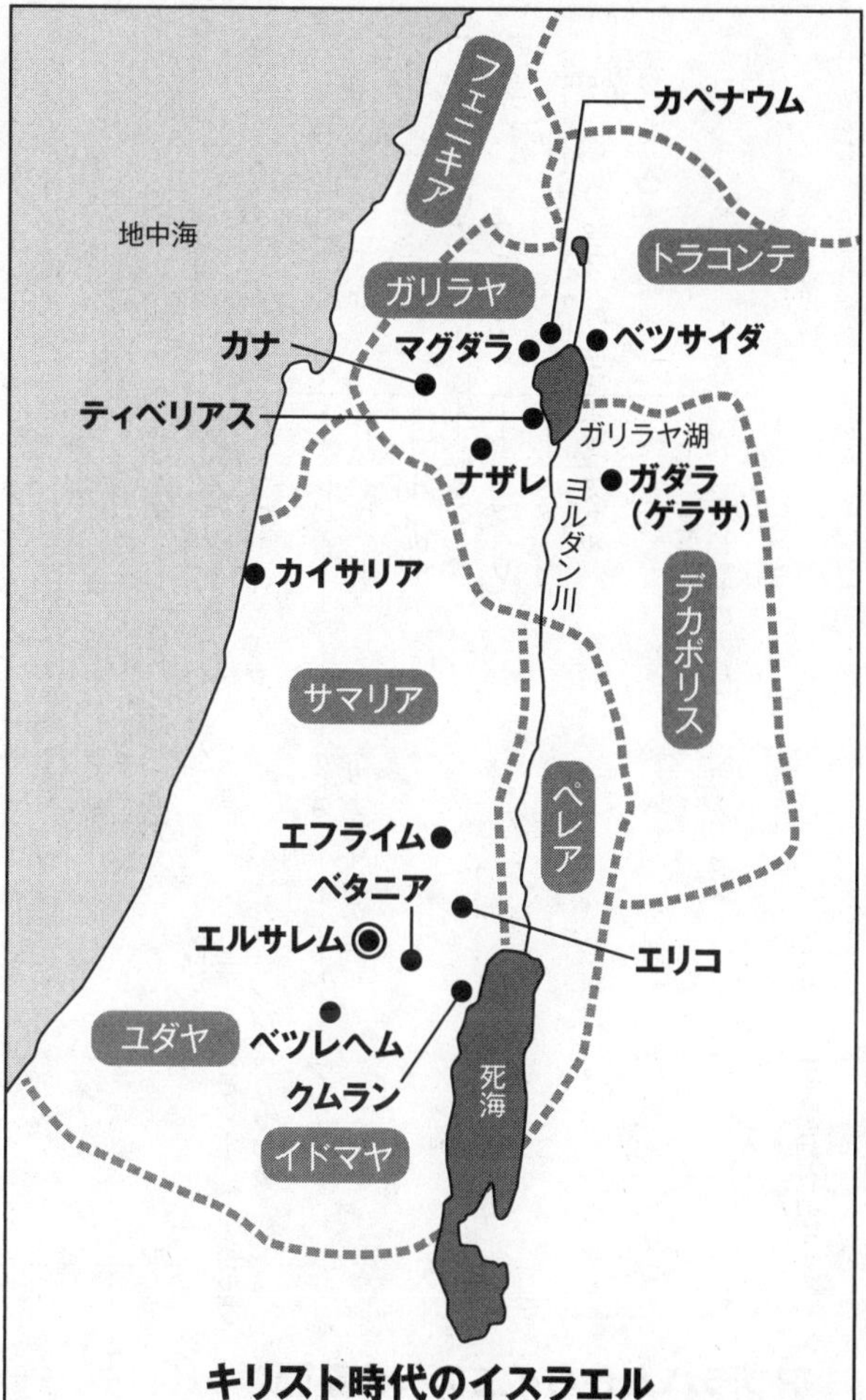

キリスト時代のイスラエル

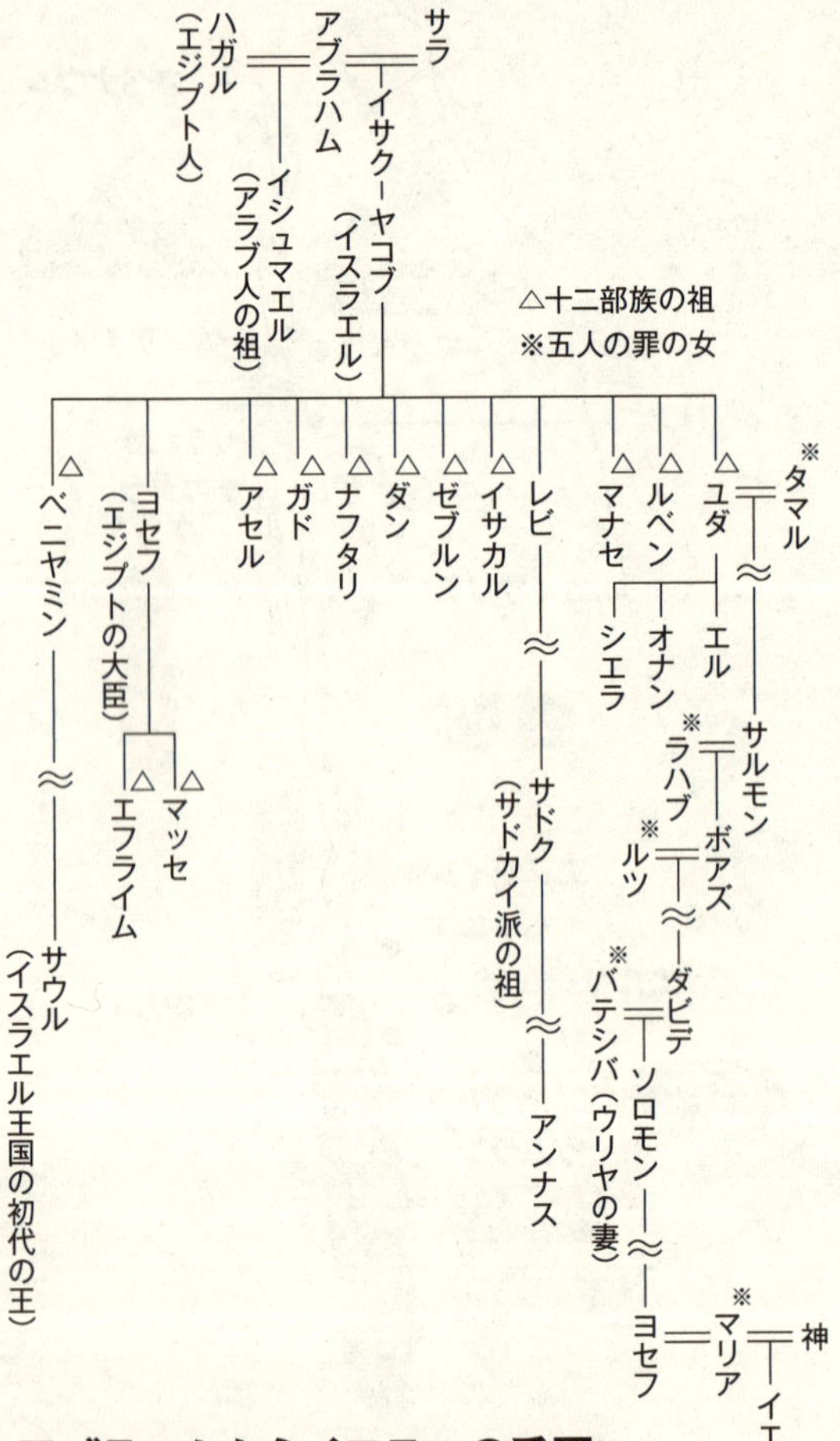

アブラハムからイエスへの系図

目次

2章　「イスラエルの民」とは何なのか――『旧約聖書』と『新約聖書』に横たわるもの

3章 イエスはなぜ新たな宗教を興したのか——すべてが敵対的な宗派だったわけではない 65

7章 イエスにとってユダは「裏切り者」だったのか――過激派集団が彼に求めていたものとは

1章

キリスト教は新興宗教であった

――イエスは、何を壊し、何を創りたかったのか

イエスとその弟子たちは確信犯の過激派だった

キリストとは何か。そこから話を始めよう。

この本は、キリスト教に関するさまざまな謎を解いていくことによって、キリスト教とは何か、また、キリスト教を興したイエスとはどのような人物であるかが、明解にわかる、ということを目標としている。

一般に、「キリスト教は愛の宗教である」といったことが言われている。だが、イエスの活動は、そういうものではなかった。日本の神道のような自然宗教は別として、教祖によって興された宗教は、その時点では新興宗教である。既存の宗教を否定し、世の中の常識的な価値観を破壊し、まったく新しい世界観を提出する、ある意味で、過激で暴力的な要素をもっているのが新興宗教の特質である。

とくにイエスの場合は、エルサレムの神殿の前で生《い》け贄《にえ》を売っている業者の屋台を壊すなど、大暴れをしている。またパリサイ派と呼ばれるユダヤ教徒と激しい論争を続け、鋭い言葉で相手を批判している。

そして自らを「人の子」と呼んだ。人の子とは、神が人の救済のために、人の肉体をもったわが子を遣わしたという意味である。つまり自分は神の子であると宣言したのだ。これはユダヤ教徒にとっては、神に対する大変な冒瀆《ぼうとく》である。

だからこそイエスは、十字架にかけられて処刑されたのである。

教祖が犯罪者として裁かれ、死刑に処せられる。その最悪の状況から、キリスト教は出発した。しかも、その死刑を、イエス自身が覚悟していたというところに、キリスト教というものの本質がある。

イエスとその弟子たちは、確信犯の過激派なのだ。

こういう言い方をすると、敬虔《けいけん》なキリスト教徒の方々は、身構えるかもしれない。しかしわたしの知る限り、自分はキリスト教徒だと自称する人の多くが、『新約聖書』をちゃんと読んでいない。せいぜい教会のミサで、神父や牧師から、聖書の一節を聞かされ、多くの場合、聖書とは何の関係もない説教を聞かされたことがあるだけなのだ。

日本の仏教徒だって、「お経」の中身を理解しているわけではない。キリスト教徒も、たとえ聖書を一冊、手元にもっていたとしても、四つの福音書を読んで、なぜ福音書が四種類あるのか、福音書によって記述が異なる部分の矛盾点をどのように受け止めればいいのか、といったことについて、深く考えることはないだろう。

わたしはこの本を、何よりも、そういうキリスト教徒の方々に読んでいただきたい。

もちろん、教徒ではないが、欧米の映画を見れば出てくるキリスト教の儀式や慣習に興味をもち、キリストの生誕とか、最後の晩餐とか、あるいは復活といったものの意味について、ちょっとした豆知識《トリビア》を仕入れたい、という読者も大歓迎である。

キリストはどんな罪で死刑になったのか

話を先に進めよう。

およそ二千年前、ユダヤの首都エルサレムにおいて、イエスと呼ばれる人物が死刑になった。いったい彼は、どのような罪で処刑されたのか。そして、なぜそこから、世界を支配するほどの大きな宗教が生まれたのか。

神殿前の屋台を壊したくらいでは、死刑にはならない。イエスは人を殺したわけでもない。確かに熱心党のシモンと呼ばれる人物を配下に置いていたことは事実だ。この熱心党というのは、民族主義者の過激派であり、武力闘争を企てるゲリラ集団だった。しかしイエスの教団が武力を行使したことは一度もない。

イエスは自らを「人の子」と呼んだが、一方、民衆はイエスのことを「ダビデの子」と称《たた》えた。ダビデとは、ユダヤ民族の歴史の中で、最高の栄華を誇ったイスラエル王国の建国の王である。この「ダビデの子」という敬称が、まさに「キリスト」を意味している。民衆はイエスを、キリストとして信仰していたのだ。

そして、イエスが裁かれ、死刑となった理由も、「キリスト」すなわち「ユダヤの王」であると僭称《せんしょう》したという罪であった（イエス自身はそんなことは言っていない）。

そこで問題となるのは、「キリスト」とはそもそもどういう意味をもった言葉なのかということである。「キリスト」という概念は、キリスト教のキーワードであり、教義の根本原理であるから、まずここから話を始める必要がある。

「キリスト」という言葉がギリシャ語であるということを、知らない人が多い。

そもそも『新約聖書』は、ギリシャ語で書かれているのである。そのことも意外に知られていない。

なぜ『新約聖書』はギリシャ語で書かれたのか。当時の地中海沿岸地域では、ギリシャ語が共通語だったからだ。

キリスト教では、イエスの生誕を記念して、西暦という年号が始まったということになっている。紀元前を示すBCという略号は、英語の「ビフォア・クライスト」すなわち「キリスト以前」という意味だ。ちなみに紀元後を示すADは、ラテン語の「アノ・ドミニ」で、「われらの主の年」である。

実際のところ、イエスが紀元元年に生まれたという確証はない。ただ『ルカによる福音書』によれば、イエスの父ヨセフと母マリアは、戸籍登録のために出身地ベツレヘムに戻ったところ、旅館の馬小屋でマリアがイエスを産んだということになっている。

彼は「暴力」を何のために行使したのか

ベツレヘムはユダヤの首都エルサレムの郊外の寒村である。エルサレムは城壁都市であるから、建物はすべて石造りの豪邸である。城壁と建物が一体となった造りで、要するに、マンションが果てもなくつながって街区を構成していると考えればいい。当然、住人は中流以上であり、ホテルのような宿泊施設に宿泊できるのも、中流以上の人々に限られる。

エルサレムにも下層の人々が働いていた。労働者たちは郊外の寒村から通ってくる。城壁の外に、泥を固めて作った日干し煉瓦《れんが》の住居があって、貧民はそういうところに住んでいた。

エルサレムには神殿があって、民衆は年に一度は礼拝し、罪の浄《きよ》めの儀式をしないといけない。浄めの儀式には、生《い》け贄《にえ》の動物の値段によってランクがあった。和食のコース料理なら、松、竹、梅、といった感じだが、生け贄の場合は、牛、小羊、鳩、である。金持ちは牛、中流の人は小羊、貧民は鳩ということになっている。これらを生け贄として、血で浄めの儀式をする。

そのために神殿の前には、生け贄を売る業者が屋台を並べていたのである。巡礼に来た民衆は、そこで料金を支払えば、購入した動物が神殿内に送られ、浄めの儀式が執り行われる。

それが建前であるが、実際は、神殿に移送された動物は殺されることなく、こっそり業者の屋台に戻されるシステムになっていた。動物愛護の精神というよりも、お金さえ払えば浄められるという儀式の形骸化で、業者も神殿も、このシステムによって金を儲けていたのである。

イエスが怒ったのは、こうした宗教の形骸化であった。それで生け贄の動物を売る業者の屋台をぶっ壊してしまったのだ。

当時のユダヤは、エルサレムのあるユダヤ州だけでなく、いくつかの属州で構成されていた。イエスが活動したガリラヤ州もその一つである。たとえば、ガリラヤの民衆がエルサレムに巡礼するとなると、片道でも百キロ近い道のりになる。日帰りはできない。といって、エルサレムのホテルは高額である。そこで貧しい巡礼者のために、郊外のベツレヘムには、粗末な巡礼宿が設けられていた。

本当の生誕地はベツレヘムではない

イエスが生まれたのは、そうした宿の馬小屋であった。たまたま宿が満室で、馬小屋に泊まったのか、あるいは貧乏だったので、部屋に泊まるお金がなかったのか、とにかくヨセフとマリアは馬小屋で仮眠しようとしているうちに、マリアが産気づいたのだ。

あとで述べるように、ベツレヘムはダビデ王の出身地である。ダビデの再来として民衆の人気を得たイエスは、当然、ベツレヘムで生まれないといけない。福音書の作者はそのことを熟知していたはずだった。

実際のイエスは、「ナザレのイエス」と呼ばれていたように、ガリラヤ州の山地にあるナザレという寒村の出身であった。ベツレヘムで生まれたというのは、福音書作者のフィクションである。

たとえフィクションであっても、作者は「本当らしさ」を追求する。そうでないと、読者の信頼を得られないからである。したがって、イエスの父が戸籍登録のために故郷に戻ったという話は、当時の読者にとっては、信憑性《しんぴょうせい》のある設定であった。

当時のユダヤは、ローマ帝国の植民地であった。ローマは植民地に、ローマの暦と戸籍を強要した。暦と戸籍の普及が、ちょうどイエスが生まれたとされる紀元元年の頃であった。つまり西暦というのは、イエスの生年から始まったのではなく、ローマの植民地支配の産物なのだ。

イエスは何語を話していたのか

ローマは武力で地中海沿岸地域を支配していた。しかし文化的には後進国であった。ローマが進出する前に地中海を支配していたのは、ギリシャだった。といっても、ギリシャという国があったわけではない。アテネとか、スパルタとか、クレタといった都市国家があるだけだったが、ギリシャ語圏の商人たちが地中海の海運を支配していたために、ギリシャ語は当時から、この地域の公用語になっていた。

さらにギリシャ語圏のマケドニア王アレクサンドロスが、地中海からアラビア、ペルシャ、さらにインドの西部にまで及ぶ大帝国を築いた。そのため、ローマ帝国の時代になっても、公文書から個別の商取引まで、すべてギリシャ語が用いられていた。

イエスの十二使徒の一人に、マタイという人物がいる。

四つの福音書の冒頭に掲げられるのが、『マタイによる福音書』である。この福音書を本当に使徒のマタイが書いたかどうかは、定かではないが、十二使徒の一人のマタイが書いたとキリスト教徒は信じている。また使徒のマタイが書いたという設定で、この福音書が書かれていることは間違いない。

マタイは、もとの名はアルパヨの子レビと呼ばれ、カペナウム（カファルナウム）という交通の要所で収税人をしていた。だから公用語のギリシャ語が書けたはずだ。

もう一人、四番目の『ヨハネによる福音書』の作者の名も、十二使徒のリストの中に入っている。ヨハネはガリラヤ湖の魚を扱う商人ゼベダイの子息であった。だから当然、ギリシャ語の教養を身につけている。

それ以外の使徒たちは、ギリシャ語は話せなかった。おそらくイエス自身も同様である。ギリシャ語がインド・ヨーロッパ語と呼ばれる言語の系列であるのに対し、アラブやユダヤの言葉はセム語と呼ばれる系列で、言語の種類が違う。したがって、収税人や商人など、仕事で必要な人しか、ギリシャ語の読み書きができなかったはずである。

では、イエスは何語を話していたのか。福音書に記述されているイエスの説教には、ユダヤ教の経典から、多くの言葉が引用されている。キリスト教が『旧約聖書』と呼ぶユダヤ教の経典は、古代の言葉であるヘブライ語で書かれている。

イエスは教祖としての活動を始める前に、「荒れ野」と呼ばれる砂漠地域で修行をしていたエッセネ派という集団の中で、『旧約聖書』の勉強をしていた。だからヘブライ語の知識はあったと思われるが、日常的に話していたのは、アラム語である。

『新約聖書』はギリシャ語で書かれていた

アラム語はアラブの一種の方言であるが、ギリシャ商人が進出する以前には、シリアを中心としたアラム人と呼ばれる人々が、商業を担っていた。そこで商取引にはアラム語が用いられていたのだが、これが普及して、一般の人々も、アラム語を話すようになっていた。

これも意外に知られていないことだが、当時のユダヤ人は、古代語のヘブライ語を話せなくなっていた。とくにエジプトやシリアに出稼ぎに行ってそのまま住み着いたユダヤ系の人々は、アラム語も話せないため、すでにイエスが活動した時代に、ギリシャ語訳のユダヤ経典が普及していた。

イエスはユダヤのエルサレムで処刑された。したがって、弟子たちはユダヤの周辺のシリアやエジプト、さらにはローマ帝国の本拠のローマで布教を進めていくことになる。その布教のためにまとめられたのが『新約聖書』であるから、この書物が最初から公用語のギリシャ語で編纂されているのは、当然のことなのだ。

そこでいささか混乱が起こることになる。イエスはヘブライ語の知識を挿入しながら、アラム語で教えを説いた。どちらもセム語系の言語であるから、多少の訛《なまり》による音の変化はあるが、言語としての基本構造は同じである。

しかし、ヘブライ語やアラム語をギリシャ語に翻訳するとなると、話は違ってくる。言語の体系が違っているので、訳語もまったく異なる響きになる。

たとえば、十二使徒の筆頭のペテロ（ペトロ）は、もとの名はシモンである。イエスがシモンに向かって、おまえは岩であり、その岩の上に教会が築かれる、と述べた。それ以来、シモンは一種のニックネームで、「岩」と呼ばれることになった。

この「岩」という言葉は、アラム語ではケパ（ケファ）で、だからシモンは実際には「ケパ」と呼ばれていたわけだが、福音書が書かれる時に、ギリシャ語で「岩」を意味するペトロスという語があてられた。そのために、この人物は「ペテロ」という名前で知られているのである。

メシアとキリストは同じ意味の言葉

　イエス・キリストという語は、言ってみれば、日本語的な訛である。よく知られているように、英語ではジーザス・クライストと呼ばれている。これは「くそったれ」というくらいの意味の俗語として用いられるので、映画の登場人物が、ジーザス・クライストと叫ぶことがあるが、神に祈っているわけではない。ちなみにスペイン語ではヘスス・クリスト、フランス語ではジェズ・クリと発音する。何だか別の人みたいだ。

　原典の表記を尊重するなら、イエスス・クリストスというべきだろうが、この本ではこれ以後も、イエス・キリストという言い方を用いて話を進めていく。

　さて、「キリスト」というのはギリシャ語で、「油で浄《きよ》められた」という意味をもっている。この語を、まったく同じ意味をもつヘブライ語の「メシア」の訳語として用いたのが、イエスがキリストと呼ばれる由来になっている。油で浄めるというのは、神によって選ばれた王を祝福する儀式で、結局、「キリスト（メシア）」とは何かといえば、もともとの意味は、「神に祝福された王」ということになる。

ついでのことに書いておくと、メシアは英語ではメサイアと発音する。ヘンデルの有名なオラトリオ「メサイア」は、ヘンデルがイギリスに招かれている時に作曲したもの（初演はアイルランドのダブリン）なので、英語の歌詞がついている。イギリスはクラシック音楽の世界では後進国で、英語の歌詞のオペラやオラトリオは少ない。そこでやたらと「メサイア」が演奏されることになる。

とにかく、キリストとメシアは、同じ意味の言葉である。正確にいうと、「神の啓示によって油で浄められた王」というくらいの意味になる。

パレスチナとの紛争は、この時代からあった

地中海沿岸は乾燥した地域が多く、水利に恵まれないと、穀物は育たない。そのため、オリーブやブドウなど、乾燥に強い作物しか育たない地域も多い。そのせいか、オリーブ油とブドウ酒には、特別な意味が与えられている。

酒が特別の飲み物であることは、誰でもわかることだが、とくにキリスト教の場合は、赤ブドウ酒はイエスの血の象徴であり、さらにイエスの教えの言葉の象徴でもある。教会

の儀式の時に、カトリックの神父などは、赤ブドウ酒を飲みながら儀式を進行するくらいである。

油は死者の浄めに用いられるが、また王の祝福にも用いられる。

ユダヤ教の場合、メシアという言葉は、特別の意味をもっている。ただの王ではない。この言葉は、偉大なるダビデ王を意味する。

ユダヤ人は長く、ペリシテ人と抗争を続けてきた。ペリシテ人というのは、現在のパレスチナの語源となった民族で、それ以前はカナンの地と呼ばれたこの地方に地中海側から進出し、アラビアの砂漠の方からカナンに進出したユダヤ人と、衝突を繰り返していた。現在と同じような紛争が、三千年以上も前にすでに始まっていたのだ。

ダビデ王が出現するまでは、ユダヤ人は劣勢だった。当時のユダヤは、十二の小国に分裂していた。これをイスラエルの十二部族と呼ぶのだが、分裂した小国を統一する王がいなかったために、戦力が弱くなっていた。

伝説によれば、神は最初、預言者（神の啓示を伝える指導者）サムエルに啓示を与えて、小国の一つベニヤミンのサウルという武将を王に選んだ。サムエルはサウルの頭を油で浄めて、神に選ばれた王であることを示した。こうしてイスラエル王国が誕生したのだが、サウル王は、わがままなところがあって、十二部族の信頼を得ることができなかった。そこで神は、もう一度サムエルに啓示を与えて、十二部族の一つのユダ国に赴かせた。

啓示にしたがってサムエルがユダ国のベツレヘムという村に行ってみると、そこにいたのは羊飼いの少年だった。こんな子供が王なのかといぶかりながら、それでもサムエルは、少年を油で浄めて、王であることを示した。

伝説はさらに続く。ダビデは少年であるから、戦争に参加することはなかった。ところが、兄に弁当を届けるために、ペリシテ軍と対面した戦場に赴いた時、たまたま戦闘が始まってしまった。敵の先陣には、ゴリアテという怪物のような戦士がいる。その怪異な姿を見ただけで、ユダヤの兵士たちは退却を始めてしまった。

ダビデによってユダヤは一つにまとまった

少年ダビデは、逃げた兵士の代わりに、最前線に進み出た。手にしているのは、羊飼いが狼を退治する時に使う石投げの革ひもである。革の先に石をひっかけて回転させ、スピードをつけて石を放つ。じつはこの投石ひもは、現在でもパレスチナにおいて、民衆のデモなどで石を投げるのに用いられることがある。

ダビデが投じた石がゴリアテの頭に当たると、怪物のような戦士はばったり倒れてしまった。子供が敵の怪物を倒したというので、たちまちダビデは英雄にまつりあげられた。ダビデの噂は、十二の部族に伝えられた。この奇蹟の英雄に従えば、難敵のペリシテ人を倒すことができるのではないか。いままで団結できなかった十二部族が、一つにまとまった。その結果、ユダヤ軍は大勝利となり、エルサレムに広大な城壁都市を築いて、大いなる繁栄の時を迎えることになる。

これがダビデの物語である。ここまでの話でわかるとおり、メシア（油で浄められた王）とは、要するに、王国を築いたダビデ王そのものなのだ。

ところが、王国の繁栄は長くは続かない。伝説によれば、ダビデが配下のウリヤという武将の妻バテシバが入浴しているところを盗み見て一目惚れし、ウリヤを戦闘の最前線に送り出して殺してしまう。このバテシバが産んだのが、次の王のソロモンであるが、ダビデには他にも妻があり、子息もあったため、ソロモンを王位につけるために、バテシバはあれこれと画策する。

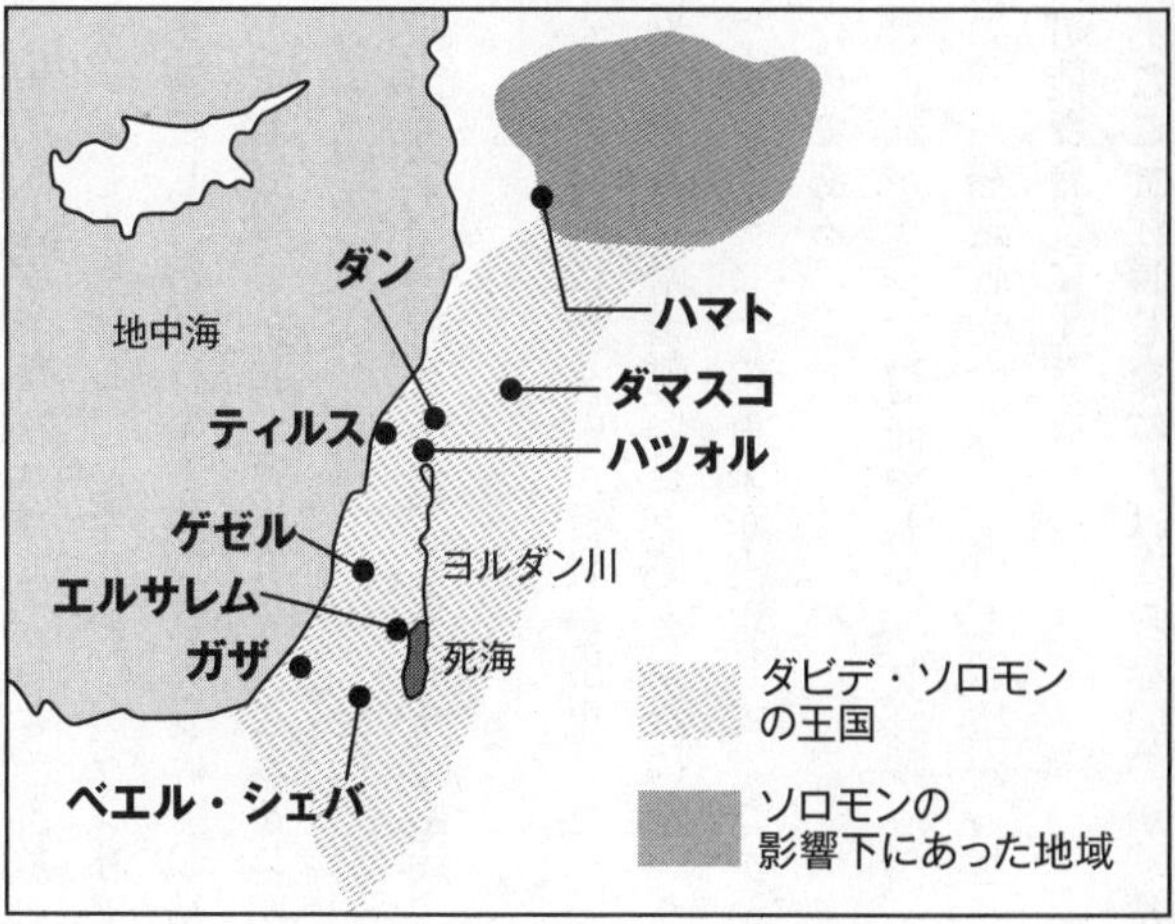

ソロモンは父ダビデの後継者として、大いに権勢を振るい、ダビデによって建設が開始されたエルサレムの神殿は、ソロモンによって完成された。この時代が、ユダヤの歴史の頂点であったと見ていい。母のバテシバも大いに満足したことと思われるが、どう見てもバテシバは、悪女といった感じの女性である。

いずれにしても、ダビデ王がウリヤから妻を奪ったことは事実で、偉大な王のただ一つの罪のために、王国の繁栄は長くは続かず、ユダヤ民族は神の試練を受けることになってしまう。

王国は分裂し、北側の十部族が継承したイスラエル王国はアッシリアに滅ぼされる。

一方、ユダ族とベニヤミン族は、部族の数としては劣勢だが、城壁で守られているエルサレムを本拠としていたため、アッシリアの攻撃はしのいだ。だが、次の時代にアラビアを制圧したバビロニアの攻撃を受けて、神殿も城壁都市も壊滅し、ユダヤ人たちは奴隷としてバビロニアに連行される。これを「バビロンの捕囚」と呼ぶ。

イエスの出現を予言する『イザヤ書』

この時代に多くの預言者が出現した。誇り高いユダヤ人が奴隷の屈辱を受けているのであるから、耐え難い日々であったに違いない。預言者たちはユダヤ人を励ますために、いつの日かダビデの再来が出現して、ユダヤに再び繁栄をもたらすという預言をくりかえしたのである。

これがメシア信仰である。メシアという概念は、絶望の底に突き落とされたユダヤ人の、一発逆転を念じる切実な願望から生じた。ある意味では、はかない夢であり、実現不可能な希望にすぎなかった。

ここで注目しなければならないのが、預言書の一つの『イザヤ書』である。この長大な預言書は、一人の作者によるものではなく、いくつかの預言書を編纂したものだといわれているが、その中に、まさにイエスの出現を予告するような部分がある。まずその原文の部分を読んでみよう。

「彼が刺し貫かれたのは、わたしたちの背《そむ》きのためであり、彼が打ち砕かれたのは、わたしたちの咎《とが》であった。彼の受けた懲《こ》らしめによって、わたしたちに平和が与えられ、彼の受けた傷によって、わたしたちはいやされた。わたしたちは羊の群れ、道を誤り、それぞれの方向に向かって行った。そのわたしたちの罪をすべて主は彼に負わせられた。苦役《くえき》を課せられて、かがみ込み、彼は口を開かなかった。屠《ほふ》り場に引かれる小羊のように、毛を切る者の前に物を言わない羊のように、彼は口を開かなかった。捕らえられ、裁きを受けて、彼は命をとられた」

しかし、この預言書には「十字架」が描かれていない

福音書を読んだことがない人でも、教会や美術館で、十字架に磔《はりつけ》にされたイエスの絵画を見たことがあるだろう。右の預言書は、そうしたイエスのイメージを、見事に預言し

ているように見える。

しかし、この預言には決定的な欠陥《けっかん》がある。この書は、いちばん大切なことを預言していない。すなわち、「十字架」である。いうまでもなく、十字架はキリスト教のシンボルである。その十字架について、イザヤは一言も触れていないのだ。

当たり前である。十字架を用いた処刑は、ローマ人が考え出したきわめて残酷な人殺しの方法である。こうした処刑の方法は、ユダヤ人の預言者の想像力を超えていたのだ。もちろん、ローマという国が進出して、ユダヤが植民地になってしまうといったことも、予測不能の事態である。

キリスト教徒たちは、『イザヤ書』の預言が当たって、預言のとおりにイエスが現れたと考える。しかし、話は逆で、イエスが『イザヤ書』を読んで、自分の活動の指針にしたと考えた方が、自然ではないだろうか。

だからこの預言書には意味がない、ということを言いたいのではない。むしろ、イエスが『イザヤ書』を読んで、指針にしたということは、『イザヤ書』のイメージがそれほどに感動的で、斬新《ざんしん》だったということだ。

この書のすごいところは、ダビデの再来であるはずのメシアを、たくましい英雄の姿ではなく、まったく反対の、「屠り場に引かれる小羊（a lamb to the slaughter）」というイメージで描き出したことだ。これほど無力な人物を主人公にすえた物語は珍しい。その無力な小羊がメシアだというのだから、驚かされる。

いったいイザヤは、どのようにして、こんな驚くべきイメージを思いついたのか。これは謎というほどのことはない。少し考えればわかることだ。

異国の地で奴隷の身分に甘んじているユダヤ人に、輝かしい英雄の姿を予言しても、絵空事でしかない。傷ついたユダヤ人を癒《いや》すためには、むしろ傷つき屈辱を受けた人物が英雄であるという逆説に、イザヤは預言者としての生命をかけたのだろう。

いってみれば、苦肉の策である。しかし、そこから、「小羊のように無力な英雄」というイメージが生まれた。この「小羊」には、さらに深い意味がある。それは次の部分に示されている。

「彼は不法を働かず、その口に偽りもなかったのに、その墓は神に逆らう者と共にされ、富める者と共に葬られた。病に苦しむこの人を打ち砕こうと主は望まれ、彼は自らを償《つぐな》いの献《ささ》げ物とした」

ここに出てくる「償いの献げ物」というのが、キリスト教の宗教原理の根幹である。イエスは自分自身を「生け贄の小羊」として献《ささ》げ、神と「新たな契約」を結ぼうとしたのだ。それこそが、キリスト教の経典が『新約聖書』と呼ばれる理由である。

2章

「イスラエルの民」とは何なのか

——『旧約聖書』と『新約聖書』に横たわるもの

日本人には、なじみがうすい「契約」の概念

聖書に『旧約聖書』と『新約聖書』の二種があることは、よく知られている。このうちキリスト教の本質をなすものは、いうまでもなく『新約聖書』である。『旧約聖書』はユダヤ教の経典であるから、必ずしもイエスの教えに合致したものではない。ただイエスは、旧約の世界観をもったユダヤ教徒たちを相手に教えを説いたので、旧約の知識を前提として話をした。したがって、イエスを理解するためには、ある程度、旧約の知識を確認しておいた方がいい。

天地創造からアダムとエバ（英語ではイブ）の失楽園、それからノアの方舟《はこぶね》の物語など、旧約の神話はよく知られている。これは同時に、キリスト教徒の世界観の基礎にもなっている。

科学の発達したこの時代に、世界は神が創造した、といったことを、本気で信じている人は少ないかもしれないが、最新の宇宙論でも、世界の始まりには「ビッグバン」と呼ばれる大きな爆発があったことになっていて、これでは、最初に神が「光あれ」と命じて光

が生じたといった、『旧約聖書』の冒頭部分から一歩も先に進んでいないことになってしまう。

まあ、そんなことは大した問題ではない。重要なのは、旧約とは何か、新約とは何かということである。

新約とか旧約という時の「約」とは、英語でいえばテスタメント（testament）、契約とか誓約という意味である。日本でも、神や仏に願《がん》をかけるということはあるけれども、契約という概念は、わたしたちにとってはなじみがうすい。

日本は島国で、歴史が始まって以来、異民族の侵入を受けた経験がない。日本の神は、山の神であったり、海の神であったり、とにかく日本という国土から生じた神であるから、契約などしなくても、神さまは神さまである。ここがユダヤ教と違うところだ。

エホバの神とアラーの神は同じ神である

アラビア半島からパレスチナにかけては、さまざまな民族が交錯していた。それぞれの民族が、独自の宗教をもっている。とくに先住民のカナン人は、偶像崇拝の宗教をもっていた。ユダヤの神は、偶像崇拝を嫌う。偶像崇拝を棄てて、かたちのない神に対する信仰をもつためには、強い決意が必要である。

そのために、ユダヤ民族の始祖アブラハムは、神と契約を結んだ。アブラハムはアラビアの砂漠の人であったが、神に導かれてカナンの地に移住する。そこで神に忠実に仕えていたため、百歳の時に子宝に恵まれる。生まれてきたのはイサクである。

産んだ正妻のサラも老婆であり、子供を産むような年齢ではない。そのあたりが、いかにも神話の世界の出来事である。アブラハムにはすでにエジプト人の女（ハガル）が産んだイシュマエルという息子があったのだが、アブラハムは正妻の産んだイサクを愛し、イシュマエルの方は砂漠に追放してしまう。このイシュマエルはアラブ人の始祖となる。

ユダヤ教の神エホバとイスラム教の神アラーは、じつは同じ神である。民族的にもアブラハムの子孫であるとされている。またイスラム教でも、メッカやメジナと並んで、エルサレムも聖地とされる。当然のことだが、キリスト教の聖地もエルサレムだから、対立する三つの宗教がことごとくエルサレムを奪還しようとして、争いが絶えないことになる。

自分が犠牲になるという宗教活動

話をもとに戻そう。アブラハムは正妻の子のイサクを愛した。そのアブラハムに神は試練を与える。神は愛児イサクを生《い》け贄《にえ》に献げよと、アブラハムに命じるのだ。

アブラハムは神への忠誠の証《あかし》として、月に一度、小羊を生け贄に献げていた。これは「焼き尽くす献げ物」と呼ばれるもので、祭壇の上で小羊を灰になるまで焼き尽くす。この小羊の代わりに、イサクを焼けというのだから、何とも残酷な命令である。ユダヤの神さまは、時として理不尽な暴君になる。

で、アブラハムはどうしたか。神の命令には逆らえない。アブラハムはイサクを祭壇に乗せ、薪《たきぎ》をセットし、火を点《つ》ける前にナイフで息子の命を絶とうとした。まさにその時に、神の声が聞こえる。これはいってみれば、ドッキリカメラとかモニタリングといったテレビ番組の演出みたいなものだ。

神は、わが子を献げてまで忠誠を示したアブラハムを誉め、アブラハムの子孫の守り神になることを約束する。これが神とアブラハムの契約である。

そこで、前章の最後に掲げた『イザヤ書』の一節を、もう一度眺めてみよう。

「彼は自らを償《つぐな》いの献《ささ》げ物とした」

ここに「献げ物」という言葉が出てくることに注目していただきたい。

アブラハムはわが子イサクを献げ物にして、神と契約を結んだ。

一方、イザヤが預言したメシアは、自らの体を献げ物として、神と新たな契約を結ぶことになる。この驚異的なイザヤのアイデアに、イエスは心を動かされたのだろう。イエスの宗教活動とは、まさに自分が犠牲になるという試みなのだ。

もともとは人名だった「イスラエル」

旧約の話を続けよう。旧約の出発点は、わが子を犠牲にしようとしたアブラハムの契約だが、それが文書の形でまとめられたのは、『出エジプト記』の英雄モーセが受けた十戒と律法である。これはユダヤ人にとっては、憲法であり、道徳の指針であり、日々の生活の規律でもある。

出エジプトというのは、エジプトで奴隷とされていたユダヤ民族が、エジプトを脱出し

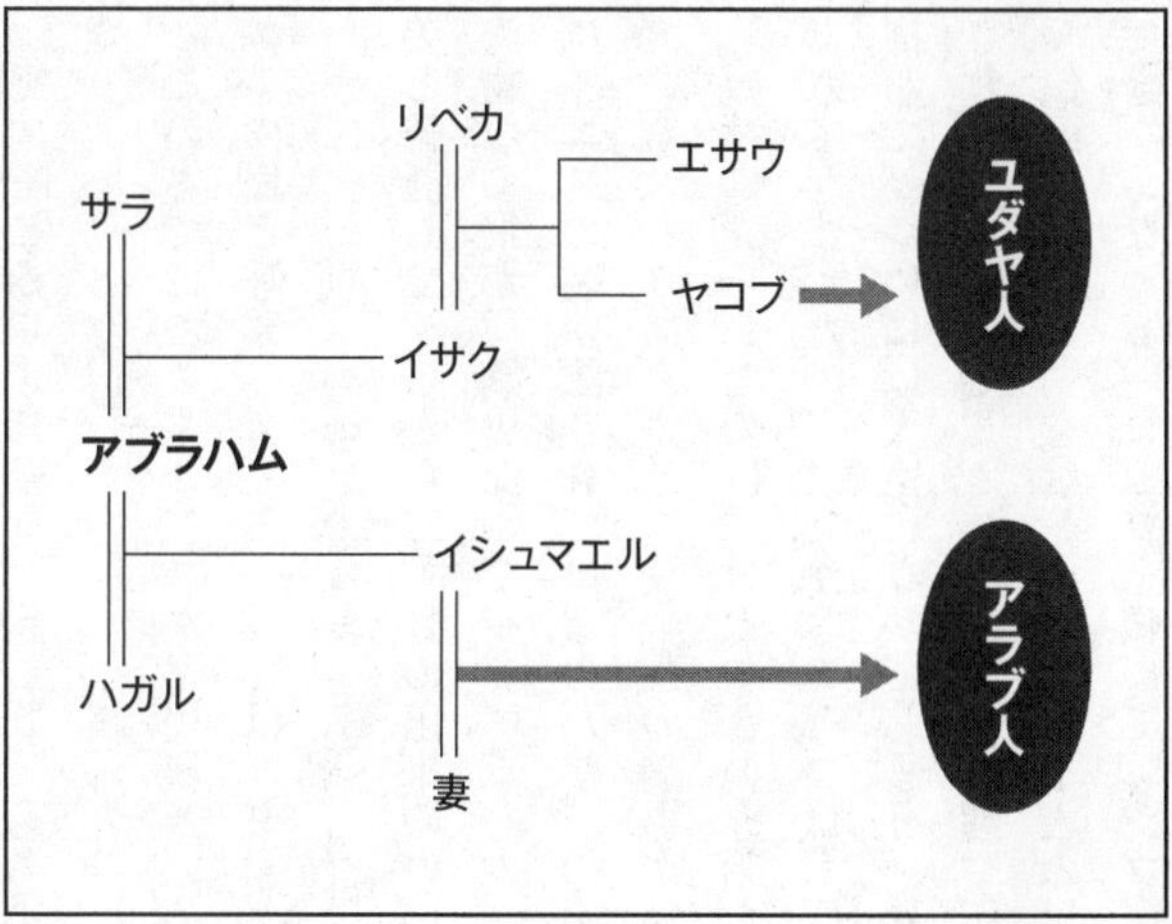

てカナンの地（パレスチナ）に戻るまでの物語だが、そもそもなぜユダヤ人がエジプトに移住したのかという話をしないといけない。

アブラハムに殺されるところだったイサクは、後継者として育った。そのイサクの子息に、ヤコブという人物がいる。この人にはさまざまなエピソードがあるのだが、その中で最大のものは、神と相撲をとったことだろう。嘘みたいな話だが、神話なのだから、そういうこともあるだろうと、眉にツバをつけて聞いておくしかない。

そこでヤコブは、神からイスラエル（神と競う）という名前をもらうことになる。イスラエルというのは、現在の国名にもなっているが、このイスラエルには十二人の息子があって、そこから十二部族が起こり、その十二部族の全体が、イスラエルの民と呼ばれていた。

この本ではここまで、ユダヤ民族といった言い方をしていたが、正確にいえば、イスラエルの民と呼ぶべきだろう。ではユダヤとは何か。

十二人の息子の中で、跡継ぎの嫡男《ちゃくなん》は、ユダという人物だった。このユダは、他の兄弟と結託して、下から二番目の出来のいい弟を奴隷に売り渡すという、ひどいことをした人物なのだが、嫡男なので、アブラハムからダビデに到る系図（もちろんそのダビデの先にイエスの名が記されているのだが）の中にもイスラエルの子として、ユダの名が記されている。とりあえずイスラエルの嫡男がユダだということをご記憶いただきたい。

奴隷に売られたのは、ヨセフという弟だった。あまりに頭がよかったので、兄たちに嫌われてしまったのだ。しかしヨセフは、奴隷として売られたエジプトでも、頭のよさを発揮して、ついには大臣になってしまう。残念ながら、エジプトの歴史に、ヨセフの名は記されていないので、これもただの神話や伝説の類と見るべきだろう。

伝説では、ユダをはじめとする十人の兄と末っ子のベニヤミンは、パレスチナでは生活できなくなって、ヨセフを頼ってエジプトに移住することになる。そして年月が流れ、イスラエルの民は、エジプトで奴隷の境遇になってしまう。

そこからいよいよ、出エジプトの物語が始まるのだが、その前に、ユダの息子たちについてもエピソードを記しておきたい。

ダビデの先祖「怪しい女・タマル」

ユダには長男エル、次男オナン、三男シェラという三人の息子があった。長男エルはタマルという嫁を得たが、子供ができないうちに死んだ。そこでユダは、次男のオナンに、兄嫁のタマルを妻とするように命じた。

当時の風習では、たとえ再婚したあとでも、長男の嫁が男児を生めば、それは長男の子息であり、相続権を得ることになる。自分が一族の長になりたかったオナンは、妻のタマルと交わりながらも、子供ができない工夫をした。当時の知識としても、射精しなければ子供ができないことはわかっていたので、途中で交わりを止めて、オナニーをして欲望を充足させたのだ。いわゆる膣外射精である。

じつはオナニーという言葉は、オナンの名からとられたのであり、歴史上、最初にオナニーをした人として、妙なところで名を残すことになってしまった。しかもこの背徳的な行いにより、オナンは神の怒りをかい、死んでしまうことになる。

二人も息子が死んだので、ユダはタマルを不吉な女だと考え、実家に帰してしまう。幼い三男まで死んでしまっては跡継ぎがなくなってしまうからだ。これでタマルには、跡継ぎを産む可能性がなくなってしまったかに見えた。しかしここでタマルは、逆転満塁ホームランのようなアイデアを思いつく。

ユダが旅に出た時、タマルは先回りして、ベールで顔をおおってユダに近づく。妻を亡くしていたユダは、娼婦だと思ってタマルを抱いてしまう。そして謝礼として山羊を与えようと申し出るのだが、財布の中に山羊が入っているわけではないから、あとで届けることになる。山羊を受け取るまでの証拠の品として、タマルはユダの印章を要求する。ところが、あとで山羊を届けようとしても、女の姿は消えている。もちろんタマルは、山羊が欲しかったわけではない。印章を確保することが、タマルの作戦だったのだ。

やがてタマルは妊娠する。未亡人であるはずの嫁が妊娠したというので、ユダは人をつれてタマルの実家に乗り込み、タマルを不倫の罪で殺そうとする。そこでタマルは、これが目に入らぬか、という感じでユダの印章を取り出すのである。べつに葵《あおい》の紋が入っていたわけではないが、ユダには一目で自分の印章だということがわかった。そして、タマルの子を、自分の跡継ぎと認めるのである。

この嫁と舅《しゅうと》の怪しい関係によって生まれた子供の子孫に、ダビデが出現する。ついでのことにもう一人、怪しい女を紹介しておこう。

これは『旧約聖書』においては『ルツ記』という、独立の章を設けて描かれた、重要な物語である。話が長くなるので簡単に語ることにするが、ルツは死海の東のモアブ国の女である。頭がよくて貞淑な人柄ではあるのだが、出稼ぎに来たユダヤ人と結婚し、夫が死んだ後、姑の故郷に帰って、落ち穂拾いをして暮らしている。このルツに一目惚れしたボアズという地主（ユダの子孫である）が結婚を申し込むまでの経緯が記されている。

ルツは、ウリヤの妻バテシバのような悪女ではない。未亡人が再婚するのは罪ではない。しかし誇り高いユダヤ人は、全員が民族主義者といっていい状態なので、異国人のルツは厳しい目にさらされる。それに、罪ではないといっても、未亡人が地主の心をとらえるために、さりげなく目立つといった工夫をするくだりも描かれているので、どことなく後味の悪い話だという気もする。しかし、このルツの曾孫《ひまご》がダビデであるから、ユダヤの歴史にとっては重要な人物である。

「イスラエルの民」と「ユダヤ人」はどう違うのか

話が大幅に横道にそれた。「ユダヤ」とは何かという話の続きである。

イスラエルの嫡男ユダは、弟のヨセフを奴隷に売ったり、知らなかったとはいえ嫁と交わってしまったり、最後にはパレスチナで食えなくなって、自分が奴隷に売った弟を頼ってエジプトに移住するなど、問題の多い人物である。

しかしイスラエルの嫡男であるから、ユダの子孫はイスラエルの民の正統として重んじられた。次に話すことになる出エジプトの物語で、イスラエルの民がエジプトからパレスチナに帰還した時、獲得した領地は、十二部族に分配されるのだが、かつてアブラハムが神に祈りを捧げたエルサレムの周辺は、ユダの子孫に与えられた。その隣が、ヨセフの弟で、ただ一人、ヨセフを奴隷に売る兄たちの共謀に加わっていなかったベニヤミンの子孫の土地である。

神は最初、ベニヤミン国のサウルという武将を王に選んだのだが、十二部族がまとまらないと見ると、ユダ国のダビデに白羽の矢を立てた。ダビデはペリシテ人との戦争に勝利

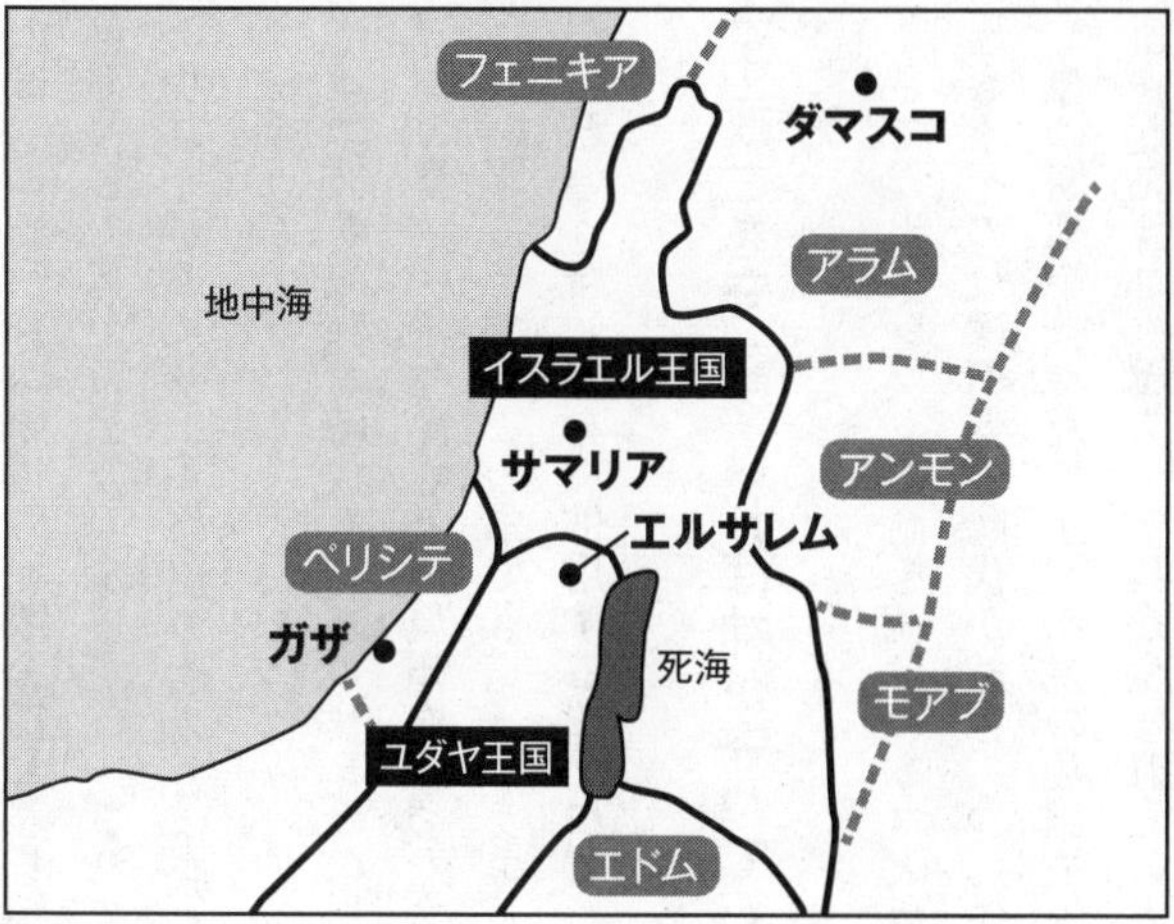

して、イスラエル王国の領土を拡大する。しかしダビデの後継者のソロモンが贅沢《ぜいたく》をしすぎたせいで、十二部族のうちの十部族が反乱を起こす。

王国は南北に分裂する。北側の十部族は、部族の数にものをいわせて、そのままイスラエル王国を名乗っていた。エルサレムの周辺は、もとのユダ国とベニヤミン国だけが結束して、当初はユダ王国と名乗っていたのだが、ユダヤ教の神殿を継承していることで、自分たちが正統であると主張した。そして、「神宿るユダ」「神に祝福されたユダ」といった意味で、「ユダヤ王国」と称するようになる。

したがって、狭い意味では、ユダヤという

のは、エルサレム周辺の地域を指す。しかしダビデやソロモンの時代には、エルサレムを首都として、十二部族の全体が統一されていた。したがって、ユダヤ王国の人々は、自分たちこそがイスラエルの民であると主張し、「イスラエルの民」と「ユダヤ人」を同じものと見ていた。

イエスが現れた時代も、エルサレムのあるユダヤ州だけでなく、サマリア、ガリラヤ、イツリア、イドマヤなどの属州を含めた全体がユダヤと呼ばれていた。

ということで、この本でも、イスラエルの民という言い方と、ユダヤ民族あるいはユダヤ人という言い方を、併用することにする。

「十戒」を守っていれば神が守ってくれる

さて、出エジプトの話を続けよう。大臣のヨセフを頼ってエジプトに移住したユダヤ民族も、その後は不遇の時代が続き、ついには全員が奴隷になってしまう。

この窮地を救ったのが、伝説の英雄モーセである。モーセが生まれた時、エジプトに反乱を起こすユダヤ人の英雄が生まれたことが占星術で予告されたため、エジプト王はユダヤ人の赤ん坊を皆殺しにする。ところがモーセは捨て子になって生き残る。伝説では、王族の女性に拾われ、王の従兄弟として育つことになる。

このモーセがイスラエルの民を率いて、故郷のパレスチナに帰還する途中で、シナイ山で神の啓示を受ける。それが十戒と律法である。

①主のみを信仰せよ。
②偶像を崇拝してはならない。
③主の名をみだりに唱えてはならない。
④安息日を心にとめよ。
⑤父母を敬え。
⑥殺してはならない。
⑦姦淫してはならない。
⑧盗んではならない。
⑨隣人に偽証してはならない。
⑩隣人の家を欲してはならない。

以上が十戒であるが、さらに実生活に即した細目を定めたものが律法である。この十戒と律法とを守っている限り、神はイスラエルの民を守ってくれる。これがイスラエルの民と神との間に結ばれた、文書化された契約である。

アブラハムの契約は、彼が神と個人的に結んだものであったが、その契約の結果、ユダヤ人はエジプトから脱出することができた。そして、文書化された契約書が示されたことによって、ユダヤ人の一人一人が、神と契約を結ぶことができるようになった。

すなわち、十戒と律法を守って生きていれば、ユダヤ人の一人一人が、神によって守られるのである。

この契約は、ただちに活かされる。モーセがシナイ山を降りてくると、一部の民衆が偶像を造って拝んでいた。モーセはただちにこれを破壊し、神の契約を告げる。民衆が十戒と律法を守ったため、モーセの後継者のヨシュアに率いられたユダヤ人は、エルサレムの近くのエリコという城壁都市を陥落させ、この地域に移住することができたのである。

この時代には、エジプトの勢力が拡大して、パレスチナはエジプトに支配されていた。エリコはエジプトの拠点となっている堅固な城壁都市だった。この拠点を制圧しないと、故郷に戻っても住むところがないという状態になってしまう。この地に定住できなければ、のちのダビデによる王国の繁栄もありえなかった。

堅固な城壁都市を攻略できたのは、巧みな作戦だった。城壁の上には、娼婦の住居があった。娼婦は卑しいものと考えられ、城壁の内部に住むことは許されなかったが、城壁の外にいるというのも不便なので、城壁の上に小屋を作って住まわせていたのだ。こうした差別的な扱いに、当の娼婦たちも、エジプト人の支配者を憎んでいた。

娼婦の中にラハブという女がいた。ユダヤの斥候《せっこう》がラハブと親しくなり、結局ラハブの手引で、堅固な城壁都市を陥落させることに成功するのである。このラハブが、先にご紹介した『ルツ記』のルツを妻とする地主のボアズの母となる。

「過越《すぎこし》の祭」の前夜にイエスが裁かれた謎

こういうちょっとしたエピソードが、じつは、あとになって重要な意味をもってくる。そこで、推理小説の謎解きのカギとなる伏線のストーリーとして、出エジプトにまつわる豆知識をいくつか紹介しよう。

まず、過越《すぎこし》の祭である。モーセが生まれた時、エジプト王はユダヤ人の赤ん坊を皆殺しにした。モーセの旅立ちにあたって、神の怒りがエジプト人に及び、エジプト人の赤ん坊がすべて死ぬことになる。その時、間違えてユダヤ人の子供が殺されないように、ユダヤ人は生け贄《いけにえ》の小羊の血を戸口に塗って、神の怒りが戸口の前を「通り過ぎていく」のを待った。これが「過越の祭」の由来である。

この故事は、現在でも尊ばれている。当然、イエスの時代にも、一年の最大の行事であった。イエスが裁かれたのは、過越の祭の前夜である。一晩で決着をつける急な裁きであった。なぜ裁きを急いだかといえば、イエスの支持者の群衆がガリラヤから押し寄せるのではないかという心配もあったが、過越の祭に突入すれば、議会と裁判所を兼ねた最高法院が休みになってしまうからだった。

ちなみに、イエスと十二使徒の「最後の晩餐」も、過越の祭の前夜であるので、晩餐というほどの豪華な料理が並んでいたわけではない。過越の祭の食事は、出エジプトの旅に出た先祖をしのぶもので、発酵させる時間がなかったため固いままの「種なしパン」をはじめ、貧しい食材が並ぶのである。

ただし、献げ物の小羊は、焼き尽くす献げ物と違って、食べ頃に焼いてある。長い旅に出る前なので、腹ごしらえが必要だった。そこで焼き尽くすのではなく、神に献げた小羊を食べることにしたのだ。これが慣習となって、過越の祭のご馳走となった。ユダヤ人は丸焼きの小羊を、骨を折らないように注意して食べる。生け贄の動物は天国で復活すると考えられているので、復活した時に骨折したままでは気の毒だというわけだ。

もう一つの謎解きのカギ「聖杯伝説」「マリア」

重要なことがある。イエスは十字架の上で、槍で刺されて死んだ。正確にいえば、槍で刺して死を確認したというべきか。十字架の刑が残酷なのは、囚人はすぐには死なないということだ。十字架の横木に手首を釘付けにされ（掌《てのひら》に釘を刺した宗教画があるがそれは間違い）、そのまま体重が手首にかかると、大出血を起こして即死する。そこで、手首に体重がかからないように、十字架の下部に、足を支える小さな台が付けられている。

そのまま三日間、さらされることになるのだが、丈夫な死刑囚は最後まで生きている。そこでとどめをさすために、十字架から下ろす前に、斧で脚を折ることになっていた。すると体重が手にかかるので、最後まで生きていた者も、そこで命が絶たれることになる。たとえすでに死んでいる囚人も、確認のために脚を折ることが義務づけられていた。

イエスが十字架にかけられたのは、過越の祭の直前であった。三日間が経過して、囚人の死体を片づけるため、脚を折って絶命させることになった。最高法院の議員の中に、イエスの支持者のアリマタヤのヨセフという人物がいた。この人が死刑執行の兵士に、イエスはすでに亡くなっているので、どうか骨を折らないでほしいと懇願する。そこで兵士は、死を確認するために、槍で刺すことにしたのだ。

ちなみに、槍で刺された時に、イエスの脇腹から、血が流れ出る。これをアリマタヤのヨセフが、最後の晩餐で使用した杯で受けたという伝説がある。こんなことは福音書には書いてないのだが、その血を飲めば永遠の命を授かるだけでなく、血がなくなっても、そこに新たにブドウ酒を注いで飲めば、同じ効果があるとされた。

これが聖杯伝説である。アーサー王伝説にも、この聖杯が出てくるし、映画『インディ・ジョーンズ』の第三作でも、最後の場面でこの聖杯が出てくるので、ご記憶の読者も多いだろう。イエスの遺体を包んだ布と、聖杯は、時々これこそが本物だと主張する人が現れて騒ぎを起こすことになる。

さらに豆知識を続けよう。出エジプトは長い旅である。その期間に、モーセの姉が巫女《みこ》として活躍する。その名をミリアムといい、これはユダヤ人の女性に最も多い名であるが、アラム語では発音が転訛《てんか》して、マリハムとなる。さらにガリラヤ地方ではマリハーと発音されていたようで、イエスの母をはじめ、マグダラのマリア、ベタニアのマリアなど、福音書に出てくる女性の多くが、マリアと呼ばれている。

男性の名前では、ユダヤ民族の始祖であるアブラハム、イサク、ヤコブの三代に、ヤコブの長男のユダ、そして奴隷に売られてエジプトで大臣になったヨセフなどが人気だが、またモーセの後継者で、エリコの闘いに勝利したヨシュアという名前も人気があった。

イエスの時代には、ギリシャふうに語尾に子音をつけてヨシュアスと発音されるこの名前が、ガリラヤではイェシュスと訛《なま》って発音されていた。これをギリシャ語で表記したのがイエススで、日本では古い漢訳聖書の影響で「ス」が一つなくなって、「イエス」と呼ばれている。

3章

イエスはなぜ新たな宗教を興したのか

——すべてが敵対的な宗派だったわけではない

ユダヤもイスラムも、なぜ豚はタブーなのか

バビロンの捕囚で奴隷とされていたユダヤ人は、バビロニアがペルシャに滅ぼされたため、解放され、故郷に戻った。そして細々と神殿の復興を試みたのだが、やがてマケドニアのアレクサンドロス大王の東征にのみこまれてしまう。パレスチナ地方もギリシャ系の武将の管理下に置かれる。

ギリシャの武将はゼウスやアポロンなどギリシャの神像を建設し、偶像崇拝を強要した。またユダヤ人に豚を食べさせた。これはユダヤ教徒にとっては、耐えがたい屈辱であり、命をとられるに等しい拷問である。

ユダヤ教徒もイスラム教徒も、豚を食べない。その理由は、宗教上の禁忌《きんき》であるからだが、豆知識として、砂漠の民に豚が嫌われる理由を考えてみよう。

わずかでも雨期のある地域なら、オリーブやブドウが育つ。これはオリーブ油やブドウ酒となるので、貴重な換金作物である。

荒れ地でもナツメヤシや豆が育つ。中東戦争が激化すると、広島のお好み焼きがピンチ

になる。あの独特のソースの甘みは、ナツメヤシが原料なのだ。一方、豆は、貧民の主食になる。福音書には、イエスに先立つ預言者として、バプテスマのヨハネという人物が登場する。ヨハネは「イナゴと野蜜」を食べたと記されているが、これは「イナゴ豆とナツメヤシの蜜」ということで、荒れ野の修行者の常食であった。

豆やナツメヤシがとれない土地にも、わずかに草が生える。ここで活躍するのが、羊である。人間が食べない草を羊が食べるからこそ、土地の有効利用が可能なわけで、羊こそは、まさに神の賜物《たまもの》といえるだろう。

一方、豚は草を食べない。豚が食べるのは豆などの雑穀である。つまり、人と同じものを食べる。人が食べる豆を豚に食べさせるのは、金持ちの贅沢のためである。金持ちが豚を食べ、豚の飼育が盛んになると、貧民は豆が食べられなくなる。つまり豚の存在は貧富の差を拡大し、時には貧民を飢えさせることになるのだ。それゆえに豚は嫌われ、砂漠の民は禁忌としている。

ならばなぜ、豚がいたのだろう

ついでのことに書いておくと、『新約聖書』には「ガダラの豚」（または「ゲラサの豚」）と呼ばれるエピソードがある。イエスが悪霊につかれた人を癒すために、悪霊に向かって、豚の体内に引っ越しを命じる。悪霊は軍団（レギオン）で一人の人間にとりついていた。その悪霊が団体で豚に乗り移ったものだから、大量の豚が狂ってガリラヤ湖になだれをうって落ち込んでいくことになる。『新約聖書』の中でも、スペクタクルで印象的な場面だ。

ここからレギオンというのは悪魔の名前となり、猛毒を出す細菌がレジオネラ菌と命名されることになった。

ところで、豚を食べないはずのユダヤに、なぜ豚がいたのか、という疑問が当然、生じることになるだろう。じつはガリラヤ州というのは、ガリラヤ湖の西岸から、山岳地帯を経て地中海までの地域を占めている。湖の東岸はデカポリスと呼ばれ、アレクサンドロス大王の東征で移住したギリシャ人たちが、そのまま小さな町を作って定住していた。そうした町が十ほどあったので、デカポリス（十の町）と呼ばれたのだ。

イエスの宗教活動は、弾圧の危機にさらされていた。そのためイエスや使徒たちは、一時的にガリラヤ州を離れ、デカポリスに避難していた。ギリシャ人たちの居住地であるから、豚が飼われているのは当然である。

とにかく、ユダヤ人は豚を食べない。ギリシャの支配下で神像を拝まされ、豚を食べよと強要されたユダヤ人は、死に物狂いの反乱を起こす。当時、マカベアのユダと呼ばれる人物が、大きな反乱を起こしたことが『旧約聖書』の外典（現在発行されている聖書の合本には収録されている）に記録されている。もちろんギリシャ軍によって鎮圧されたのだが、この反乱は、ユダヤ人の信仰の強さを示すことになった。

ヘロデ大王が偉大な王になった理由

ローマ帝国は植民地支配にあたって、ユダヤ人による自治を認め、ユダヤ教の信仰も許した。ユダヤ人の信仰の強さを恐れ、ソフトな支配を試みたのだ。ローマ側には、ユダヤ人の反乱に備えてパレスチナの軍備を強化できない事情があった。

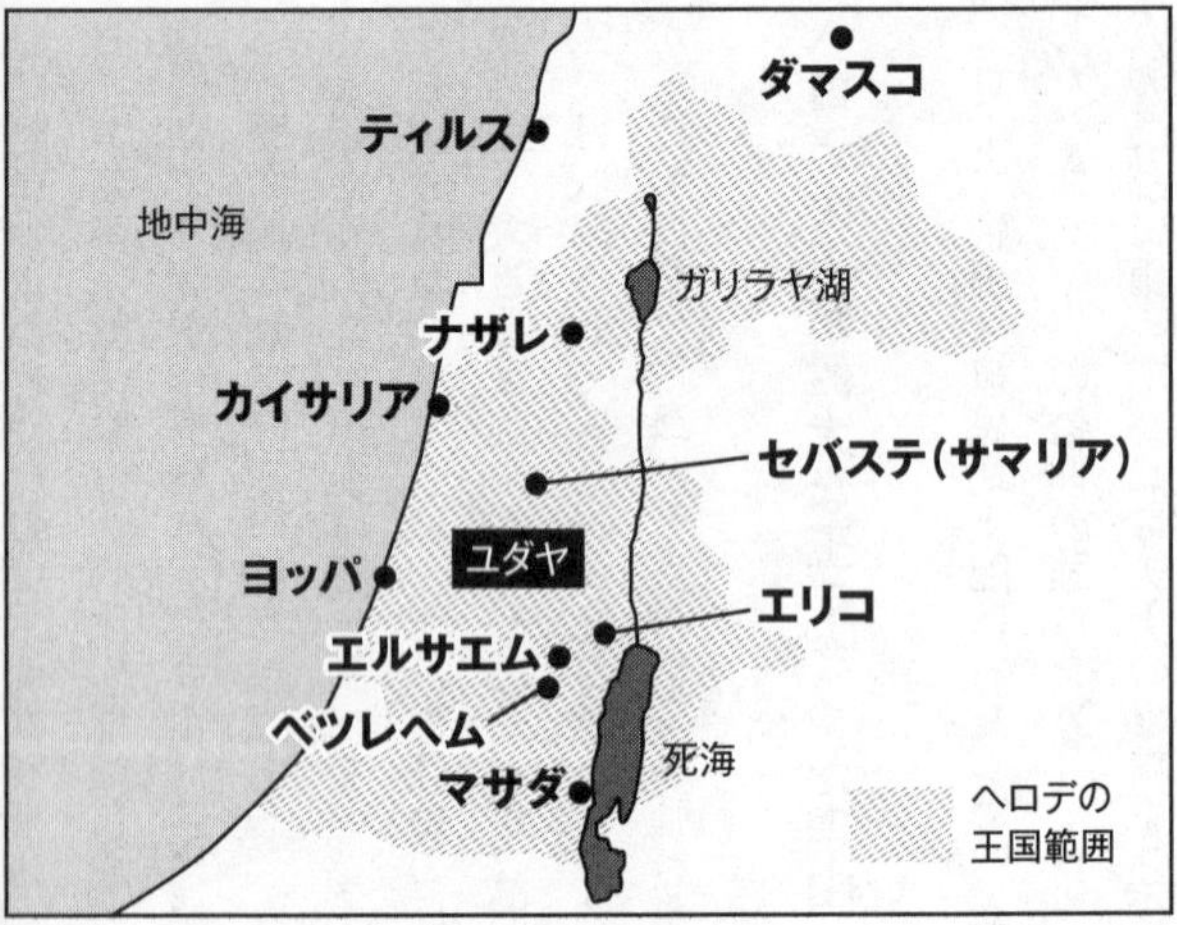

ローマの狙いは、エジプトにあった。クレオパトラなどが登場するエジプトの内乱に乗じて、北アフリカに帝国の支配地を拡げようという野望があった。そのため戦力の多くをエジプトに派遣していた。

そうしたローマの事情に呼応して、ユダヤの経済発展を実現した偉大な王がいる。すなわちヘロデ大王だ。聖書に書かれた伝説では、メシアの出現を恐れて、赤ん坊を皆殺しにするなど、悪役として描かれる人物である。

ヘロデ大王は正統的なユダヤ人ではなく、イドマヤという南の辺境にある属州の出身だった。一介の小役人から王にまで成り上がった人物であるから、相当のヤリ手であったことは間違いない。歴代のローマ皇帝に巧みに取り入ると同時に、サドカイ派と呼ばれるユダヤ教の伝統的な祭司を手懐《てなず》け、経済を発展させることで地主貴族の信頼も獲得した。

ヘロデ大王は地中海に面した軍港カイサリアを開き、補給基地として、ローマのエジプト侵攻を支援した。小麦、オリーブ油、ブドウ酒などを輸出することで、地主貴族は大いにうるおうことになる。経済発展によって、ヘロデ大王は城壁都市エルサレムを復興し、ダビデの時代のような、見事な神殿を築き上げた。いや、ローマによる石積みの技術は、ダビデの時代よりはるかに進歩していたから、ユダヤの歴史の中で、最も壮麗な神殿を築いたといっていいだろう。

東方の博士たちは、なぜベツレヘムに赴いたのか

『マタイによる福音書』によれば、イエスが生まれた時、占星術の盛んな東方の博士たちが、次の時代の王の誕生を知って祝福に駆けつける。博士たちは当然、ヘロデ大王の子息が誕生したのだろうと思って王宮を訪ねるのだが、王子が生まれたという事実はなかった。そこで博士たちは、導きの星によってベツレヘムに赴き、馬小屋にいたマリアとイエ

スを見つける。カトリック系の幼稚園などでよく演じられるシーンだ。

この話を聞いたヘロデ大王は、新生児を皆殺しにするという暴挙を企てる。そのためイエスと両親は、一時、エジプトに逃れることになる。

もちろんこれは、イエスのイメージを、『出エジプト記』の英雄モーセのイメージと重ねるための、福音書作者のフィクションだ。しかし先にも述べたように、フィクションには本当らしさが必要である。イエスが生まれた時にヘロデ大王がまだ生きていたというのは、充分にありうる設定である。

イエスが生きた時代は、ヘロデ大王による経済発展の直後ということになる。しかしエジプトとの戦争を一段落させたローマは、ユダヤ支配を強化しつつあった。ヘロデ大王の没後、ユダヤの各州は大王の子息たちに分割して統治がゆだねられたのだが、やがてローマは、エルサレムを継承したアルケラオスを追放して、ユダヤ州を直轄地とした。イエスが活動した時代にも、ローマから派遣された総督ピラトが、ユダヤ州の最高権力者として君臨していた。

ただし、信仰の自由は守られていたので、ヘロデ大王の時代に大祭司として活躍したアンナスが、本来はいくつかある祭司の家柄が輪番制で担当するはずの大祭司の役職を、自分の娘婿のカヤパに譲って、大王に代わる権力者となっていた。

いつの時代でもそうだが、一般民衆は貧困にあえいでいた。しかし何よりも耐えがたかったのは、ローマに支配されているという事実だった。ユダヤの民衆は誇りが高い。全員が民族主義者だといっていい。

ここで当時のユダヤ人が、どのようにして自分たちの誇りを守ろうとしていたかを、いくつかのグループに分けて確認しておこう。

儀式宗教の保守派だったサドカイ派

エルサレムの神殿を中心に、伝統的な宗教儀式を継承している祭司の一族が、レビ族のサドクを祖とするサドカイ派である。祭司長、長老などと呼ばれるリーダーのもとに、いくつかの勢力があったが、この時代は大祭司カヤパがサドカイ派を完全にまとめていた。宗教的な独裁者であったといっていい。民衆は神殿税を払い、また血の浄めの儀式のために生け贄を献げる。これも結局、お金を払うだけの形骸化した儀式になっていた。

ローマはサドカイ派による宗教儀式を認めていた。また最高法院という一種の議会を認めていた。この議会もサドカイ派によって管理されていた。神殿には警備のための神殿兵が常駐していたが、国を治めるだけの力はない。エルサレムにはローマの軍団が駐屯していた。結局のところ、米軍のおかげで平和が守られているいまの日本と同じように、サドカイ派の宗教的権威もローマ軍によって守られていた。サドカイ派は儀式を守るだけの保守的な勢力で、ローマに対しても、現状を認め、受け入れる姿勢を示していた。

民族主義と禁欲を掲げたパリサイ派

イエスの敵となったパリサイ派は、伝統的なユダヤ教から分離した民間の信仰者で、厳格な禁欲主義者たちだった。神殿そのものやサドカイ派に反対しているわけではないが、とくに貧しい民衆に対して禁欲を押しつけて、精神論で神の救済を求めていた。サドカイ派の神殿が、ただの儀式宗教になっていたので、民衆は心の支えを失っていた。そういう民衆に対して、パリサイ派の教えはかなり説得力をもっていたようで、支持者も多かった。

清貧というのは、魅力的な考え方である。ただ貧しいというのでは、惨めで悔しい感じがするけれども、自分たちは自ら貧しい生活を送っているのだと考えると、自己満足できる。パリサイ派の困るところは、禁欲を他人にも押しつけるところだ。またイエスのような、新興勢力に対しては、敵意をむきだしにした。

イエスの活動は、パリサイ派との闘いであったといっていい。確かにサドカイ派も、イエスに神殿前の屋台を壊されたことがあったので、敵意はもっていたが、最終的にイエスを死に追い込んだのはパリサイ派だった。もちろん形式的には、大祭司カヤパと最高法院の議決によって、イエスは死刑となった。執行したのは総督ピラトが管理するローマ兵である。しかしピラトはむしろ、何とかイエスを救えないかと画策した。過越の祭の恩赦でイエスの罪を許そうと提案したのもピラトである。

パリサイ派は民衆を扇動して、イエスの捕縛をサドカイ派に迫り、カヤパの館に押しかけて、人民裁判のような勢いで死刑を迫った。カヤパも最高法院も、民衆に押しきられるかたちで死刑を宣したのだ。もちろんピラトの提案も、民衆が拒否した。

悟りの境地を求める修行者たちがエッセネ派

当時のユダヤには、神殿で宗教儀式を担当するサドカイ派、貧しい民衆の支持を受けていたパリサイ派の他に、もう一つの宗教的勢力があった。それがエッセネ派である。エッセネ派の拠点は死海を見下ろす洞窟地帯にあった。そこにクムランと呼ばれる僧院があったことが知られている。

死海は塩分が濃く、ここでは誰もが泳げるということで、リゾート地として知られている。しかし死海はただの塩水湖ではない。死海の海面の標高は、マイナス四〇〇メートルである。東京の下町には、海抜ゼロメートル地帯と呼ばれる場所があるが、マイナス四〇〇メートルなどというのは、想像もつかない深い穴である。東京タワーや高層ビルがすっぽりと入ってしまうような、深い割れ目の底にあるのが死海である。

大陸というものが、裂けたり、移動したり、ぶつかってヒマラヤのような山ができることは、読者もご存じだろう。裂け目はふつうは海になるのだが、死海の周辺は、たまたま海とつながっていない部分に深い裂け目ができた。雨が少ないので流れ込んだ水は蒸発し

キリストが洗礼を受けたヨルダン川

てしまう。そこで海面よりも四〇〇メートルも低い空間が空気にさらされているという特異な状況が生じたのだ。

この地溝帯は長く続いている。イエスが活動の拠点としたガリラヤ湖の周辺も、海抜はマイナス二〇〇メートルくらいで、地の底のような場所である。ただし、ガリラヤ湖は死海と違って、淡水湖である。ユダヤの北、いまのベイルートやシリアのあたりには、雪山がある。とくにヘルモン山と呼ばれる高山の雪は、少しずつ融けて、川の流れを形成する。

ヘルモン山の雪解け水が死海のある南に向かって流れているのがヨルダン川で、その途中にあるのがガリラヤ湖である。そこでヘルモン山からガリラヤ湖までを上ヨルダン川、ガリラヤ湖から死海までを下ヨルダン川と呼ぶことがある。

死海はまさに、地の果てである。ここでヨルダン川は行き止まりになっている。雨の多いところなら水がたまり、やがて海につながることもあるのだろうが、何しろ周囲は砂漠であるから、死海の水はどんどん蒸発する。川は谷を削って地中の塩分を溶かし込むので、死海の塩分はどんどん濃くなっていく。

その死海を見下ろすクムラン僧院の洞窟は、死海から見れば高い崖の上だが、標高八〇〇メートルの山地にあるエルサレムから見れば、低い土地にある。このあたりはカルスト地形で、鍾乳洞《しょうにゅうどう》が多い。その洞窟の中で、数多くの修行者が、肉体と精神の鍛錬《たんれん》を続けていた。これがエッセネ派である。

クムラン僧院の存在は知られていたのだが、教義については、長い間、謎であった。しかし第二次大戦直後に洞窟の奥から大量の文書が発見された。これが「死海文書」である。

エッセネ派は、エルサレムの神殿で金儲けをしているサドカイ派に見切りをつけて、ユダヤ教の奥義を見極めようとする修行者の集団であった。彼らは『旧約聖書』の研究をするだけでなく、断食などの厳しい修行で肉体を極限まで追い詰めることで、神の領域に迫ろうとした。

その点では、どことなく仏教に似ている感じもする。アレクサンドロス大王はインドの西部まで進撃したので、仏教が伝わった可能性もあるが、プラトンなどのギリシャ哲学にも、一種の神秘主義があって、人間は哲学によって神の領域に迫ることができるといった発想をもっている。そこでは、グノーシス（知識）というものが尊重されていた。仏教の「般若《はんにゃ》」も、智慧《ちえ》という意味で、悟りに到るための言葉にならない直観的な叡智《えいち》のことだが、グノーシスという概念も、知識を究めれば神の領域に到達できるという、悟りの境地に似たものであろうと推察できる。

エッセネ派はクムラン僧院だけでなく、周辺の「荒れ野」と呼ばれる砂漠地帯にも拠点があった。とくにエルサレムよりも北に位置するエフライムの周囲は、ガリラヤからも近い。イエスの十二使徒の中にも、荒れ野の修行者が何人か含まれている。

イエスはバプテスマのヨハネに洗礼を受けた

バプテスマのヨハネは、福音書の中では、イエスを導いた預言者ということになっている。下ヨルダン川で、水をかけて浄めの儀式をしていたヨハネのもとに、イエスが現れる。ヨハネはつねづね、「わたしよりも優れた方が後から来られる。わたしはかがんでその方の履物《はきもの》のひもを解く値打ちもない」と預言していたのだが、イエスをその優れた人物と認める。しかしイエスは謙虚に、ヨハネの洗礼を受ける。

このエピソードには、初期キリスト教団の明確な意図がこめられている。バプテスマのヨハネは、初期キリスト教団よりも、はるかに大規模な宗教教団を形成していたと考えられる。そのヨハネが、イエスを認め、少なくともヨハネの教団の後継者であると指名したという伝説を作ることによって、ヨハネの信者を自分たちの教団に取り込もうとした。そのために、福音書の作者たちはこぞって、福音書の冒頭にヨハネを登場させているのだ。

ただし、『ヨハネによる福音書』の作者だけは、もっと深く、ヨハネの思想を取り込んでいる。この福音書の冒頭部は、とくに有名である。

「初めに言葉があった。言葉は神とともにあった。言葉は神であった。この言葉は、初め神と共にあった。万物は言葉によって成った。成ったもので言葉によらずに成ったものは何一つなかった。言葉の内に命があった。命は人間を照らす光であった。光は暗闇の中で輝いている。暗闇は光を理解しなかった。」

聖書のこのくだりが有名なのは、きわめて難解だからだ。何度読んでも、わけがわからない、と感じる読者は少なくないだろう。仏教のお経を読むのと同じで、わからないから、かえって有難い感じがする、という人もいるだろうが、とにかく他の三つの福音書と違って、『ヨハネ』には独自の哲学と世界観が封じ込められている。

ここで「言葉」と訳されているのが、ギリシャ語では「ロゴス」だというと、少しはわかりやすくなるだろうか。「ロゴス」はもちろん、ロジック（論理）の語源で、言葉という意味だが、たとえば「コスモロジー（宇宙論）」とか「バイオロジー（生物学）」などの語尾についている「……ロジー」というのは、「理論」とか「原理」といった意味をもっている。ただの言葉ではなく、世界の成り立ちの奥にひそむ根本原理とか、宇宙の法則といった意味合いが、この「言葉」という語にはこめられているのだ。

右に引用した部分の最後に、「暗闇と光」という言葉が出てくるが、『ヨハネ』では、光と闇の二元論で論理が展開される部分がいくつかある。この二元論は、じつはクムラン僧院のエッセネ派とも共通している。バプテスマのヨハネもまた、エッセネ派の修行者だったのだろう。それが『ヨハネ』にも引き継がれて、独特の福音書となったのだ。

水による洗礼はヨハネによって始まった

しかし、バプテスマのヨハネの最も特徴的なところは、水による洗礼（バプテスマ）という、独自の方法を考え出した点にある。

水で浄めをするというのは、おそらく万国共通だろう。日本でも神社に詣《もう》でる前に、必ず水で浄めをする。仏壇にも、水を置く閼伽棚《あかだな》というものが設けられている。ユダヤ教でも、外出から家の中に入る前には、水で体を浄めたり、手を洗ったりする。じつはイエスはこうした些末《さまつ》な風習を否定した。神殿前の屋台を壊したのと同じ意味で、形式主義を批判したのだ。しかし、バプテスマのヨハネの洗礼は受けた。先輩の新しい試みを評価したのだろう。

バプテスマのヨハネの洗礼は、ユダヤ教の日常的な慣例とはまったく違うものだ。ユダ

三大宗教の聖地、エルサレム

ヤ教徒がエルサレムの神殿で、業者から購入した生け贄の血によって浄めの儀式を受けるという、神殿の権威によってのみ成立する浄めを、ヨルダン川の水ですませてしまおうというのだから、ある意味ではとんでもない試みである。

サドカイ派が守ってきた伝統と、ヘロデ大王が築いた壮麗な神殿の権威が、元手のいらないただの水で代用される。それが可能だったのは、バプテスマのヨハネにそれなりの人徳があったのだろうし、何かしら超能力のようなものがあったのかもしれない。水をかけられた時に、電気がピッと走るとか、とにかく民衆が、確かに浄められたと感じるような有り難さがあったことは間違いない。ヨハネの洗礼は大ブームとなり、ヨルダン川の岸辺には長い行列ができていたと伝えられる。

ガリラヤの民衆にとっては、ヨハネの洗礼は大助かりである。エルサレムは遠い。疲れることはもとより、日帰りは無理なので、宿代がいる。生け贄を購入する費用もかかる。これに対して、ヨハネはガリラヤ湖に接したヨルダン川で、ただの川の水で浄めをしてくれるのだ。

バプテスマのヨハネの思想は、エッセネ派から学んだものと思われるが、エッセネ派が荒れ野での修行を重んじていたのに対して、ヨハネは大衆の中に出ていった。もちろんエッセネ派にも信者はいて、エフライム周辺で豆やナツメヤシを育てて、修行者の食料を準備していた。しかしエッセネ派の信者の数は限られていた。修行者たちは、自分の修行が何よりも大事で、民衆への布教活動には力を入れていなかった。一方、ヨハネは、民衆の救済に重点を置いていた。それも難しい理屈ではなく、ただ水をかけるという、シンプルでわかりやすい儀式で、大衆の心を見事につかんでしまったのだ。

ヨハネの教団は急速に信者を増やし、ガリラヤの支配を任されているヘロデ・アンティパス（ヘロデ大王の子息）を脅かすほどになった。ヨハネはユダヤ教の伝統にしたがって、民族主義的な考え方をもっていたので、ローマの傀儡《かいらい》となっているアンティパスに対しては批判的であった。またアンティパスは兄の妻を奪い、その結果、政略結婚でアラビアから迎えた妻が逃げてしまうという事態があった。不倫であると同時に、政略的にもアラビアとの関係をまずくしたということで、王にふさわしくない人物であると、ヨハネは容赦なく批判した。

その結果、ヨハネは逮捕され、首を刎《は》ねられることになる。このヨハネの死に関しては、アンティパスの不倫の相手のヘロディア（ヘロデ大王の孫にもあたる）の連れ子のサロメが関わっている。

このことは福音書にも書かれているし、オスカー・ワイルドの名作『サロメ』でも有名である。

民族主義のゲリラ集団、カギを握る熱心党の存在

サドカイ派、パリサイ派、エッセネ派、バプテスマのヨハネは、いずれも宗教教団である。宗教というのは、民の心を癒し、支え、希望を与える。しかし武力がなければ、ローマと闘うことはできない。

それではいつまでたってもローマに隷属するだけだ、と考えたのが、熱心党である。右翼の過激派、と考えていただければわかりやすい。彼らはユダヤ民族の誇りを守るためには、武力でローマを排除するしかないと信じ込んでいた。そして、しばしばゲリラ的な武力闘争を起こしていた。

ここで、キリスト教徒もあまり知らないことを書いておこう。西暦七〇年、この熱心党が中心となって、ユダヤ人はローマに対して大規模な武力闘争を起こす（第一次ユダヤ戦争）。それはローマ帝国の弾圧が強化され、ユダヤ人による自治も、信仰の自由も危うい状況になってきたからだ。こうなると、ユダヤ民族は一丸となって闘うしかない。サドカイ派の神殿兵はもとより、パリサイ派も、クムラン僧院のエッセネ派も加わって、ユダヤ人は果敢に闘った。だが、強大なローマ帝国の軍事力の前に、無残に粉砕されてしまう。

さらに西暦一三五年にも大規模な反乱が起こる（第二次ユダヤ戦争）。その結果、エルサレムはあとかたもなく壊滅し、ヘロデ大王が築いた城壁都市も神殿も、廃墟と化してしまう。わずかに残ったのは、現在「嘆きの壁」と呼ばれている、神殿の壁の一部分にすぎなかった。

『新約聖書』の最後に、『ヨハネの黙示録』という文書が収められている。これはイエスの思想とは何の関係もないもので、むしろ『旧約聖書』に多数収録されている預言書の類といっていい。あるいは、預言書に模して、エッセネ派の思想をメタファー（隠喩《いんゆ》）で表現したものかもしれない。具体的なイエスの行動が記された『福音書』や、イエスの教えを分析し解説する『手紙』類と比べて、最後の『黙示録』は、いかにも異質な感じがする。

誰もが知っているように、ここではハルマゲドンと呼ばれる場所で、大戦争が起こり、世界が滅びるさまが描かれている。そこで預言されているハルマゲドンの惨事がいつ起こるかということで、キリスト教徒たちはおびえているわけだが、心配する必要はない。ハルマゲドンはすでに起こっているのだ。

第一次と第二次のユダヤ戦争で、エルサレムの神殿が崩壊した。これはユダヤ人にとっては、世界の終わりに等しい。キリスト教徒たちも、ユダヤ教と同じ神を信仰しているわけだから、エルサレムは聖地である。

神殿の崩壊に際して、キリスト教徒たちは、『旧約聖書』に収録されなかった預言書か、あるいはバプテスマのヨハネの教団に属していた作品か、とにかく初期キリスト教団とは関係のないこの文書を、ショックの余り、編纂が進んでいた『新約聖書』の末尾に、おそらく発作的に加えてしまったのだろう。

ハルマゲドンとは、はるか昔に起こったユダヤ戦争を預言したものにすぎない。だから、これからハルマゲドンが起こるおそれはないのだ。

4章

四つの福音書から伝えられる真実とは何か

――『ヨハネの福音書』には、戦略的な意味があった

『ヨハネの福音書』だけが違う立場で書かれている

イエスとはどのような人物なのか。

いまから二千年前といえば、日本はまだ有史以前の、神話と伝説の時代である。しかしヨーロッパでは、イエスが現れる前に、ギリシャの自然科学が発達して、ターレスは日食を予言し、アルキメデスは浮力の原理を究めていた。当時のパレスチナはローマ帝国の植民地であったから、ローマの歴史書や公式記録に、ヘロデ大王や総督ピラトの名は記載されている。

政治家の名前が歴史に残っているのは当然として、イエスと同じような新興宗教のバプテスマのヨハネの活動も記されているのに、残念ながら、イエスの名前は、どこにも出てこない。はっきり言って、ヨハネの教団の方が、はるかに大きかったと見るべきだろう。

歴史書に記載されていないので、イエスの実在性を証明する客観的な証拠はない。

ではイエスという人物は存在しなかったのか。イエスにまつわる物語はすべてフィクションなのかというと、どうもそうではないようだ。

四つの福音書があるということが、イエスの実在性の、一つの証明になっている。マタイ、マルコ、ルカ、ヨハネという四人の作者が、四とおりの福音書を書いている。そのうち『ヨハネ』を除く三つの福音書は、「共観福音書」と呼ばれ、内容に似たところが多い。三つの福音書に先立つ資料（「Q資料」と呼ばれる）があったのではないかという説もあるが、どの福音書にも、その作者だけがもっている、いかにも真実らしいエピソードが描かれている。

三人の作者が、別々にイエスを描いている。その共通点と、ズレの部分に、確かにイエスという人物は存在したという、リアリティーが感じられる。三人がまったく同じことを書いていたとしたら、嘘くさいと感じられただろうが、微妙にズレているところが面白い。三人の作者の立場の違いを考えれば、そのズレの部分にさらに信憑《しんぴょう》性が感じられる。というのも、作者の個性と、描かれたイエスの姿の相関関係を見ていくと、そこには単純なフィクションとは考えられない、事実の重さといったものが確かな手応えとして感じられるからだ。

四番目の『ヨハネ』は、もっとはっきりしている。この福音書の作者は、他の作者たちとは違う立場、異なる思想をもって、イエスをとらえようとしている。作者の意図が明確なだけに、そこから作者の意図を差し引いていくと、真実のイエスの姿が、クリアーに見えてくるのだ。

四人の作者の四とおりのイエス像から推理すると

ここから先は、わたしの推理にすぎないのだが、『ヨハネ』の作者ヨハネは、もともとはバプテスマのヨハネの弟子だったのではないかと思われる。

それは、他の三人の作者と違って、独自の見解と世界観が、明確に描かれているからだ。その見解は、バプテスマのヨハネの教えに近いものであったろう。バプテスマのヨハネの死後も、ヨハネの教団は存続し、信者も残っていた。『ヨハネ』という作品は、そうしたバプテスマのヨハネの信者を、キリスト教団に引き込むために書かれたものと思われる。

バプテスマのヨハネの思想と、イエスの思想の融合。それがこの作者の意図だ。実際にこの作品を書いたのが、十二使徒のヨハネかどうかはわからないが、少なくとも、作者は十二使徒のヨハネを主人公として、この作品を書いている。

ローマの歴史書にイエスの記述がない以上、イエスの生涯をたどる資料は、この四つの福音書しかない。そこでまず、四つの福音書の作者の個性を紹介して、それぞれに微妙な異なった四とおりのイエス像から、真実のイエス像を推理するという、謎解きを試みたいと思う。

『新約聖書』の冒頭に置かれた『マタイ』の、そのまた冒頭に、アブラハムからイエスに到る系図というものが置かれている。好奇心から『新約聖書』を読んでみようと思った読者も、第一ページ目のこの系図で、読む気をなくしてしまう。しかしこの系図（10ページ参照）にこそ、マタイの個性が示されているのだ。

とにかくその系図の最初から、ダビデの部分までを見ていただこう。

「アブラハムはイサクをもうけ、イサクはヤコブを、ヤコブはユダとその兄弟たちを、ユダはタマルによってペレツとゼラを、ペレツはヘツロンを、ヘツロンはアラムを、アラムはアミナダブを、アミナダブはナフションを、ナフションはサルモンを、サルモンはラハブによってボアズを、ボアズはルツによってオベドを、オベドはエッサイを、エッサイはダビデ王をもうけた。ダビデはウリヤの妻によってソロモンをもうけ……」

このあと、系図はイエスまで続き、イエスの母としてマリアの名が記されている。アブラハムからダビデまでが十四代、ダビデからバビロンの捕囚までが十四代、そこからイエスまでが十四代ということで、とにかく、膨大な系図である。

『ルカ』には女性の名前が一切出てこないが

わたしは謎解きの伏線として、いくつかのエピソードを語ってきた。この本の読者は、前ページに記した系図を読めば、見たことのある名前があることにお気づきだろう。ところどころに、母親の名前が登場する。ここが、『ルカ』と決定的に違うところで、福音書作者の個性が示されている。

同じような系図は『ルカ』にも出てくるのだが、ルカは合理主義者のギリシャ人であり、世界的な視野をもっていた。したがって、ユダヤの歴史にはこだわらない。そこで系図を、人類の祖のアダムから始めている。また女性の名前は一切記していない。

マタイはユダヤ人であるから、ユダヤの歴史の出発点にアブラハムを置くのは当然である。では、マタイはなぜ女性の名前を記したのか。記載されている女性がどんな人物だったかを思い起こせば、マタイの意図はすぐに見えてくる。

まずはタマル。舅《しゅうと》のユダに娼婦のふりをして近づき、跡継ぎの男児を得た女である。次にラハブ。城壁都市エリコを陥落させた娼婦である。そしてルツ。落ち穂拾いをしている異国人の未亡人が、巧妙に地主の気を惹く物語のヒロインである。もう一人は、ダビデ王が戦場に送って殺したウリヤの妻バテシバである。

これらはすべて「怪しい女」であり、「罪の女」である。アブラハムからダビデに連なる偉大な英雄の歴史の中に、時として罪の女が関わっていることを、マタイはぜひとも書いておかなければならなかった。

『マタイ』はなぜ「罪の女」を記したのか

その理由は、マタイ自身が、罪を背負っているからだ。マタイは収税人だった。当時のユダヤはローマ帝国の植民地だった。誇り高いユダヤ人は、ローマに対して強い敵意を抱いている。収税人はローマの手先であり、民族の敵というべき存在だった。

マタイは交通の要所カペナウム（現在の聖書ではカファルナウム）で通行税をとっていたものと思われる。荷車に積まれた小麦の袋や、ブドウ酒のカメを適当に数えて通行税をとる。収税人は歩合制で、袋やカメを多めに数えて税金をとれば、それだけ儲かることになる。つまりローマの手先となって私腹を肥やすという、民族主義者のユダヤ人にとっては、最も憎むべき罪人といえた。

しかし、収税人よりも、もっと大変な罪人がいる。十字架で処刑されたイエスである。教祖が犯罪者として死刑になった。そういう宗教を広めるために、マタイは福音書を書いているのである。その冒頭に、罪の女の名を書き連ねることは、マタイとしては、あるいは窮余の一策だったのかもしれない。

ユダヤの歴史もけっして清廉潔白《せいれんけっぱく》なものではなく、舅と交わる嫁がいて、女スパイみたいな娼婦がいて、異国人の怪しい未亡人がいて、そして偉大なダビデ王さえ、ウリヤの妻の入浴をのぞき見した上で、罪を犯した。罪を恐れ、罪を嫌悪してはならない。むしろ罪の果てに、もっと大きな幸いがもたらされるのだということを、マタイはこの冒頭の系図でユダヤ人の読者に告げたかったのだ。

罪の女の五人目は、いうまでもなく、イエスの母のマリアである。

マリアは処女で懐妊した。それは神の子を宿した神秘的な出来事とされているが、よく考えてみれば、結婚前に妊娠したということである。明らかに夫ヨセフの子供ではない。

これは不倫というしかない事態である。いや、そもそもヨセフという夫は存在したのだろうか。福音書でヨセフが登場するのは、ベツレヘムの旅館の馬小屋でイエスが生まれたという、イエスの子供の頃の伝説に限られる。

イエスが大人になって布教活動を始めてからは、母マリアは出てくるけれども、ヨセフはまったく登場しない。それどころか、父ヨセフについて想い出が語られることもないのである。

父はイエスが幼い頃に死んだのか、離婚したのか。あるいは、父親は最初から存在しなかったのかもしれない。いわゆる私生児である。私生児であり、なおかつ犯罪者として処刑された人物。それがイエスである。こういう人物を教祖として仰ぎ、教えを広めようとするマタイは、最初から困難をかかえていた。そのために、マタイはこの系図を冒頭に掲げたのだ。

私生児を生んだマリアは、罪の女には違いないが、しかしアブラハムからダビデに到るまでの系図にも、罪の女はたくさんいたのだと、マタイはこの系図で主張しているのである。

どうして『マルコ』には奇蹟の話が多いのか

『マタイ』の特徴は、『旧約聖書』がよく研究されていることである。もちろんマタイだけでなく、初期キリスト教団に属していた人々は、『旧約聖書』の研究を重ねていたに違いない。イエスが『旧約聖書』で預言されたメシアであることを証明するために、イエスの生前の行動をチェックして、『旧約聖書』の記述と重ね合わせる。その膨大な作業の成果を、マタイは可能な限り、自分の福音書に取り込んでいるということだろう。そのために、『マタイ』は量的にも膨大な作品になっている。その大部分は「研究の成果」として追加されたものだから、すべてを事実と受け止める必要はない。

どの部分が事実で、どの部分が「研究の成果」かというのは、次の『マルコ』と比べてみるといい。『マルコ』の分量は、『マタイ』の半分より少し多いくらいだ。それだけ『マタイ』には余分なものが挿入されている。『マルコ』の記述はきわめてシンプルだ。しかし、ペテロ(ペトロ)に関する記述はかなり多く、この作品にペテロが深く関わっていることがうかがえる。

マルコは十二使徒ではない。おそらくペテロの側近か弟子で、ペテロから直接、話を聞き、それをギリシャ語に翻訳して記録したのだろう。ペテロはイエスの側近であり、秘書のような立場にあった人物であるから、誰よりも、イエスのことをよく知っていた。したがって、ペテロから話を聞いたマルコがまとめた『マルコ』は、事実としてのイエスの風貌を、もっとも正確に伝える作品であるといえるだろう。

ただし、『マルコ』には、やたらと奇蹟の話が出てくる。歩けない人が立って歩いたとか、目の見えない人が見えるようになったとか、そういう奇蹟は、宗教には欠かせない要素ではあるのだが、作品そのものの分量が少ないのに、起こった奇蹟の数が最も多いのが『マルコ』である。

サン・ピエトロ大寺院はペテロの墓の上に建てられた

ペテロという人は、ガリラヤ湖の漁師だった。教養もなく、どちらかといえば愚鈍なタイプの人物だった。教養がないからこそ、研究の成果とか、理屈っぽい説明ではなく、わかりやすい奇蹟を並べて、民衆にアピールしたかったのだろう。マルコはそのペテロの話を忠実に書きとめたのだろうと思われる。

ペテロは初期キリスト教団を率いた人である。愚鈍だが実直で、行動力があった。ペテロに関しては、福音書に記されていない有名な伝説がある。ペテロがローマに布教に行くために街道を歩いていると、旅人の噂が聞こえてきた。ローマにはネロという恐るべき独裁者がいて、少しでも批判をするとたちまち殺されてしまうのだという。

怖くなったペテロはローマに背を向けて道を引き返し始めた。すると向こうからイエスがやってきた。「どちらへ行かれますか」とペテロが問いかけると、「おまえが布教に行かないので、自分がローマに赴く」と答えた。わが身を恥じたペテロは、再びローマに向かって歩みを続ける。結局、捕らえられたペテロは処刑されるのだが、ペテロはイエスと同じように十字架にかかるのは恥ずかしいので、逆さにして十字架にかけてくれと頼む。

ローマの観光名所になっているカトリックの本拠のバチカンにあるサン・ピエトロ大寺院は、ペテロの墓の上に建てられたものとされている。ケパ（岩）と呼ばれ、その岩の上に教会が建つと予言されたとおり、ペテロはカトリック教会の礎《いしずえ》となった。

ペテロは、キリスト教の教義の基本をまとめたパウロと合わせて、初期キリスト教団の二大聖人とされている。わたしの若い頃、「ピーター・ポール・アンド・マリー」というフォークソングの人気グループがあった。この名前は英語ふうに訛《なま》ってはいるけれども、ペテロ、パウロという二大聖人に、マリアを加えたものである。

パウロの民族主義はどこから生まれたか

ここで話は少し横道にそれるのだが、パウロについて書いておこう。イエスの死後、弟子たちはイエスの遺志をついで、布教活動を続ける。教祖が死刑になった教団であるから、厳しい弾圧がある。やがて十二使徒に次ぐ助祭という立場にあったステパノという人が、迫害にあって石で打ち殺されてしまう。キリスト教団としては最初の殉教《じゅんきょう》である。

この迫害の現場に、サウロという人物が加わっていた。ユダヤ系ではあったが、現在のトルコのあたりで生まれ、ローマの市民権をもっていたこの人物は、伝統的なユダヤ教を守ろうとするパリサイ派に所属し、新興宗教を弾圧する側に回っていた。

この人物はさらに、キリスト教徒の迫害を続けていたのだが、ある時、神の声を聞く。そして悔い改め、パウロと改名して、キリスト教の伝道者となるのである。パウロというのは、小柄な人というくらいの意味だ。かつて迫害する側に回っていた自分を恥じて、そう名乗ったのかもしれない。

イエスの活動がパリサイ派との闘いであり、最終的にイエスを死に追い込んだのもパリサイ派であったということは、すでに述べた。イエスの死後も、パリサイ派は、残存する十二使徒や初期キリスト教団への弾圧を強めていたのである。

パウロは異国に暮らすユダヤ人である。ローマの市民権はもっているものの、ユダヤ民族としての誇りは失いたくない。そういう思いが、民族主義的な感情を高めて、パリサイ派に傾倒したのだろう。だが、迫害する側に回っているうちに、キリスト教徒たちの死をも恐れぬ熱意と、何よりも教えの言葉が、パウロの胸に深くしみわたったのではないか。その結果、神の声が聞こえてきたのだ。

ペテロがイエスの実直な側近であったのに対し、パウロは思想家である。はじめにパリサイ派に所属していただけに、視野が広く、イエスの教えの核心を理解していた。イエスが「生け贄の小羊」であり、神の子が十字架にかかることによって、神との新たな契約が結ばれ、ユダヤ教徒だけでなく、すべての人間の罪が浄められた。こういった思想を広めたのは、パウロの功績である。

『新約聖書』の後半部分を占めている『手紙』と呼ばれる文書の大部分は、パウロが布教のために書いた思想書であり、またキリスト教の解説書である。このパウロの書簡があるからこそ、初期キリスト教の教義が完成され、そこからキリスト教は世界宗教へと発展していくことになる。

パウロは友人の医者でギリシャ人のルカに、マタイやマルコのような、ユダヤ人を読者に想定した福音書ではなく、ローマ人や、ギリシャ人や、また自分自身のような異国に住むユダヤ人のための、民族を超えた福音書の執筆を依頼した。また『ルカによる福音書』の続編ともいえる『使徒行伝』をルカに書かせたのも、おそらくパウロだろう。『使徒行伝』と『ルカ』の作者が同じだということは、近年のコンピュータによる解析によって明らかになっている。

『ルカ』だけに書かれている「受胎告知」の謎

ルカはイエスに会ったこともないし、エルサレムやガリラヤの地理や風土にも詳しくない。ただ資料と伝聞だけで作品を書いている。しかし受胎告知の話など、人の心を打つ伝説は巧みに取り込んでいるので、物語の面白さと普遍性という点では、『ルカ』は魅力的な作品だ。

この受胎告知の場面は、キリスト教美術の最大のテーマだといっていい。ヨーロッパのどの美術館に行っても、天使がマリアに何事かを告げている場面を描いた絵画が、その美術館のメインの展示物となっている。多くの場合、マリアは本を読んでいて、いかにも聡明そうな顔つきをしている。のんびり本を読んでいたら、突然、天使が現れて、あなたは神の子を宿した、と告げるわけだから、マリアが驚くのは当然だが、その驚きようをどのように表現するかが、絵画の作者の腕の見せどころとなっている。

日本でこの受胎告知の絵画を、一望できる場所がある。徳島県の鳴戸にある大塚国際美術館だ。ここはヨーロッパの名画をことごとく原寸大の信楽《しがらき》焼にして展示している施設で、すべてがコピーではあるが、原寸大というところに意味がある。広大な壁面にレオナルド・ダ・ヴィンチをはじめ、有名な画家のライフワークともいえる受胎告知の場面がずらりと並んださまは壮観である。

意外と知られていないことだが、この受胎告知の場面を描いているのは、『ルカ』だけだ。『マタイ』にも受胎告知の場面はあるが、この場合は、天使は夫のヨセフに告げることになる。ヨセフもびっくりしたことだろうが、ヨセフが告知を受けている場面を描いた

ボッティチェリが描いた「受胎告知」

絵画をわたしは見たことがない。やはり受胎告知の場面は、マリアが主役になっていないと、話にならないのだろう。ユダヤの掟に敏感なマタイとしては、夫が天使のお告げを聞いて諒承すれば、それで充分だと考えたのだろう。その点、マリアが告知を受けるというルカの設定の方が、よりドラマチックで、普遍性をもっている。

マルコは、受胎告知の場面を描いていない。いきなり大人になったイエスを登場させる。奇蹟をたくさん書いているマルコが、この受胎告知という最大の奇蹟を書いていないのは、ペテロが話さなかったせいだろう。つまり、ペテロはこういう伝説めいた物語は必要ないと考えたのだ。

このように、福音書作家の立場によって、記述が変化するということを押さえておけば、三人の作家の記述の向こうにある、事実としてのイエスの人生が見えてくる。

親鸞《しんらん》の「悪人」とマタイの「心の貧しい人」

『マタイ』と『ルカ』の違いが最も顕著なのは、有名な山上の垂訓《すいくん》の場面だ。ガリラヤ湖に接した丘の上で数千人の群衆にイエスが教えを説く。

「心の貧しい人は幸いである」

天国は彼らのものである、と続く『マタイ』に記されたこの名言が、『ルカ』では次のようになっている。

「貧しい人は幸いである」

驚くべきことに、「心の貧しい人」が、単に「貧しい人」になっている。この方がわかりやすいことは確かで、いかにも合理主義者のルカらしい表現である。宗教というものはおおむね、禁欲を奨励する。金持ちは自分の生活に満足している。宗教にすがるのは貧乏な人が多い。だから、「貧しい人は天国に行ける」と説いてやれば、民衆を励ますことができる。

イエスは別の場面で、「金持ちが天国に行くのは、ラクダが針の穴を通るより難しい」とも言っているので、貧しい人が天国に行けるというのは、合理的な説明である。

これに対して、「心の貧しい人」というマタイの記述は、昔から議論の的となっていた。心の貧しい人というと、冷たい人とか、いやなやつ、といった感じがする。心のきれいな立派な人が天国に行けるのなら、話はわかるのだが、心の貧しい人が天国に行けるというのは、いったいどういうことか。

これについて日本では、親鸞の悪人正機説《あくにんしょうき》と比較して議論されることが多かった。「善人なおもて往生をとぐ。いわんや悪人をや」と親鸞は語った。ここでも、「(善人よりもたやすく)悪人は極楽に行ける」という論理が展開されている。

親鸞の場合は、「善人」というのは、「自分のことを善人と思っている人」というくらいの意味で、だから「仏の助けなど必要としないという傲慢《ごうまん》な人」を意味している。自分の悪を悟り、無心に仏にすがる気持ちをもっていれば、仏の導きで極楽に生まれ変わることができる。この親鸞の「悪人」と、マタイの「心の貧しい人」とを、同じように解釈する人もいる。

先に述べたように、イエスの活動の最大の障害は、厳格な禁欲主義のパリサイ派だった。パリサイ派の困るところは、民衆に禁欲を押しつけて、それで自己満足してしまうことだ。自分たちは正しいという信念はけっこうだが、それだけでは、民衆は救われない。人間は弱い心をもっている。禁欲主義を押しつけられて、守ることができなければ、いよいよ救いがなくなってしまう。

罪を自覚している人。これこそが、イエスの言う「心の貧しい人」である。貧しいということでいえば、禁欲主義のパリサイ派と対立していたイエスが、「貧しい人は幸いである」などということを言うはずがない。その点では、ルカの合理主義には限界があるといわねばならない。ルカには、イエスの言葉の意味が理解できなかった。

マタイは自分が卑しい収税人（経済的には豊かだった）であったので、自分こそ「心の貧しい人」だという自覚があった。だからイエスの真意を理解し、自分の福音書にこの言葉を書きとめたのだ。

ところで、この山上の垂訓は、イエスの創作ではない。じつはこれとそっくり同じ文章が、「死海文書」の中に収められているのだ。ここからも、イエスがエッセネ派とともに修行していたと考えることができるのだが、興味深いのは、その「死海文書」には、マタイが「心の貧しい人」と書き、ルカが単に「貧しい人」と書いた部分が、別の言い回しで記されている。

「義のために貧しい人は幸いである。天国は彼らのものである」

これは大変にわかりやすく、納得できる言い方である。しかし、当たり前すぎて、奥深さに欠けるということもできる。

イエスが「死海文書」と同じ表現で語ったのを、マタイとルカが、それぞれ間違えて記述したのか、それとも、マタイが書いているように、イエス自身が「心の貧しい人」という言い方をしたのか、それは誰にもわからない。

5章

イエスの使徒はなぜ十二人なのか

――ユダヤは十二部族で成り立っていた

ユダヤ人にとって十二はラッキーナンバーだった

この章では、イエスの使徒について考えてみよう。

イエス・キリストというと、わたしたちは、十字架の上の姿をイメージする。そして、神の子であり、ほとんど神そのものといっていい存在であることを知っている。

しかし十二人の使徒の前に現れた生前のイエスは、異様なほどに論争が巧みで、病気の治療もできる、特異な人間ではあったが、とにかく生身の人間であった。十字架にかけられて死刑になるということなど、誰も予想してはいない。ましてや神の子であるかどうかも、検証のしようがない。そういうイエスに、彼らは従い、弟子となったのである。つまり十二使徒は、生身の人間としてのイエスに接し、その人柄や教えの言葉に感動したことになる。

イエスの人間としての魅力を知っているのは、直弟子であった十二使徒である。わたしたちは彼らの目でイエスを眺め、彼らの感性でイエスをとらえなければならない。

といっても、残された資料は福音書しかないので、その中から、十二人の個性をとらえ、なぜ彼らがイエスの使徒になったかを探っていこう。

使徒はなぜ十二人なのだろうか。イエスの弟子が十二人しかいなかった、ということではない。イエスはたくさんの弟子の中から、十二人を選んで使徒とした。

では、なぜイエスは使徒を十二人としたのか。いうまでもなく、ユダヤ人にとって、十二はラッキーナンバーだからだ。イスラエルの十二人の息子から起こった十二部族が、十二の国を作った。これを統一してダビデがイスラエル王国を築いたことは、すでにお話しした。そのおり、少し話をはしょって、正確に伝えなかったことがある。

十三は「不吉な数字」だったのか

じつは、イスラエルの民は、十三部族なのである。なぜそういうことになるかというと、出エジプトの旅を経てカナンの地に戻ったユダヤ人は、土地を分割して国を作った時、かつてエジプトで大臣になったヨセフの一族を評価して、ヨセフの二人の息子の家系にそれぞれ一国ぶんの土地を分けた。それでは十三国になってしまうのだが、レビという一族は祭司を担当していたので、国を与えずに他の十二国に分散し、そのかわりに、各国の人々は収入の一割をレビ族に納めることにした。

十二部族と別格のレビ族。正確にいえば、ユダヤのラッキーナンバーは、十二プラス一ということになる。

十二プラス一とはどういうことか。たとえば、有名なレオナルド・ダ・ヴィンチの『最後の晩餐』のシーンを思い浮かべていただきたい。そこに描かれているのは、十三人の人物である。すなわち、十二使徒にイエスを加えて十三人。十三という数字が不吉なイメージとなるのは、この最後の晩餐の直後にイエスが逮捕され、処刑されたからで、もともとは十三という数字は、ラッキーナンバーだったのだ。

なぜ十二だけでなく、十二プラス一というかたちでラッキーナンバーを設定するのか。これはユダヤ暦と関係がある。ユダヤでは、日本でも江戸時代まで使っていた、太陰太陽暦を用いていた。

ここで注意していただきたいのは、純太陰暦との違いである。「太陰」というのは月のことで、月がまったく見えなくなってから最初に一部が見え始める新月の直後を朔日《ついたち》とする。すると三日月、十五夜、十六夜《いざよい》、といった月の形を示す言葉がそのまま、その月の日付となって、たいへんにわかりやすい。今日は何日か、とカレンダーを見る必要はない。

満月なら十五日と決まっているからだ。新月を月の始まりとする点では、純太陰暦と太陰太陽暦とは、まったく同じである。異なるのは、年の数え方だ。

新月から新月までの周期は、およそ二十九・五日だから、大の月（三十日）と小の月（二十九日）を交互にくりかえしていけば、大きな問題はない。ただし正確な周期は二十九・五より少し多いので、三年に一回くらい閏年《うるうどし》を設け、最後の小の月を大の月に変えて調整する。この単純なシステムは現在でもイスラム暦と呼ばれ、実際に使用している国がある。

ところが、これで一年を十二カ月としてしまうと、困ったことになる。一年の日数が三百五十四日となってしまい、十一日も不足してしまう。そのため、新年の始まりが、少しずつ早くなってしまう。

四季のないアラビアの砂漠地帯ならこれでもいいが、中国や日本など、穀物を栽培する地域では、季節に合わせて作業をする必要がある。そこで中国では、天文学によって春分、夏至、秋分、冬至を正確に計測し、冬至と春分の中間の立春の前日を、一年の始まりの節分《せつぶん》と定めて、農作業はこれを基準にする。八十八夜とか二百十日というのがそれだ。新年の始まりと立春の前日の節分とが大幅にずれては困るので、暦の方も、閏月を設けて調整する。一年に十一日不足するわけだから、三年に一度、閏月として大の月を挿入すると、何とか調整できそうだが、それでも長い年月にはズレが生じるので、十九年に七回という、やや半端な法則で閏月を挿入することになっている。これが太陰太陽暦だ。

自分を含めて十三人になるように選んだ

ユダヤは地中海に接しているため、冬季にはわずかに雨が降り、小麦などの穀物がとれる。したがって古い時代から、十九年に七回の割合で閏月を挿入するユダヤ暦を採用していた。ユダヤ暦は新年が秋分の頃に始まるのだが、閏月の仕組みは中国や日本と同じである。通常は一年が十二カ月だが、十九年に七回、十三カ月の年がある。これが十二プラス一という、ラッキーナンバーの秘密である。

イエスは自分を含めて十三人になるように、十二使徒を選んだのだ。

十二人の名前を列挙してみる。

ペテロ（シモン）

アンデレ
ヤコブ（ゼベダイの子）
ヨハネ（ゼベダイの子）
ピリポ
バルトロマイ（ナタナエル）
トマス
マタイ（アルパヨの子レビ）
アルパヨの子ヤコブ
タダイ（ヤコブの子ユダ）
熱心党のシモン
イスカリオテのユダ

なお人名については、カトリックとプロテスタントでも違うし、新しい聖書も少し異なる表記をしている。たとえばペテロがペトロとされたり、ピリポがフィリポになっていたりする。発音と表記の微妙な違いはあるが、見ればわかることなので、ここでは年輩の人に親しまれている表記で書いてある。

こうやって十二人の名前を並べてみても、日本の読者には、なじみのない名前ばかりである。しかしたとえば最初の五人を、英語ふうの発音で表記すると、次のようになる。

ピーター（ピート）、アンドリュー（アンディー）、ジェイコブ（ジェイムズ、ジム、ジミー）、ジョン、フィリップ（フィル）……。

このうちたとえばヨハネは、英語ではジョンだが、ドイツ語ではヨハン、あるいはハンス、北欧ではヤン、ロシアではイワン、フランスではジャン、スペインではファン（敬称をつければドンファン）、イタリアではジョバンニということになる。これは各国で、最も多い男児の名前ではないだろうか。

もう一つ例をとれば、ペテロは英語ではピーター、ドイツ語ではペーター、北欧ではペテル、ロシアではピョートル、フランスではピエール、スペインではペドロ、イタリアではピエトロ。こういうふうに並べてみると、読者の皆さんも、映画や文学でなじみの深い名前が多いことにお気づきだろう。欧米の男性の名前の多くが、十二使徒からとられている。逆に言えば、この十二使徒のリストを眺めれば、自分の名前があるか、少なくともごく親しい人の名前がここにある、というのが、欧米人の感覚なのである。

とはいえ、欧米のキリスト教徒でも、十二使徒の名前を全部言うのは難しい。十番目のタダイ（タデウス）というのが、あまりなじみのない名前だからだ。このタダイは、『ルカ』には「ヤコブの子ユダ」と記載されているし、欧米の古い聖書では、「レバイ」という名になっていることもある。それゆえ聖書学者の間では、トリノミウス（三つの名）と呼ばれることもあった。タダイはどの福音書でも、せりふが与えられていない。印象がうすいのも仕方がない。

ここでは重要人物に絞って、彼らがなぜイエスに従ったかを考えてみよう。

教会の基礎となったイエスの側近、ペテロ

ペテロについては、すでに多くのことを語ってきた。イエスから岩と名づけられ、教会の基礎を築いた偉大な使徒である。しかし、ペテロが偉大な人物となったのは、イエスの死後であって、生前は、弟子の筆頭といった重要な役目ではなく、ただイエスのそばにいて雑用をこなす係だったと思われる。

ペテロはガリラヤ湖の漁師だった。弟にアンデレがいる。最初はバプテスマのヨハネの

教団に所属していた。イエスはヨハネから洗礼を受けた後、ヨハネの弟子たちに教えを説いたものと思われる。その最初の説教の現場に、アンデレが居合わせた。アンデレはただちに兄のペテロを呼びにいき、二人揃って弟子になった。

ペテロとアンデレは、教養のない貧しい労働者である。その労働者が、なぜヨハネの教団に入ったのか。人が宗教に求めるものは、人それぞれというしかないが、底辺の労働者であるからこそ、心の支えというか、誇りのようなものを求めていたのだろう。

バプテスマのヨハネは民族主義者であった。だからこそローマに加担して政権を維持しているヘロデ・アンティパスを批判して、結果的に処刑されることになった。

教祖を失ったヨハネの教団は、危機に瀕することになる。しかし、イエスの死後、初期キリスト教団が活動を始めた時期にも、ヨハネの教団はまだ大きな勢力をもっていたことがうかがえる。『ヨハネによる福音書』は、ヨハネの思想を大幅に取り込んで、ヨハネの信者に訴えかけようとしている。それくらいにヨハネの教団はまだ勢力を保っていた。

しかし、教祖を失ったことで、ヨハネの教団が打撃を受けたことは間違いない。こういう言い方は、敬虔《けいけん》なキリスト教徒を刺激することになるかもしれないが、イエスはヨハネの教団を半ば乗っ取るようなかたちで、自らの支持者を増やしたのではないかと考えられる。もちろん教祖が処刑されたわけだから、乗っ取ったのではなく、ヨハネの遺志を継いで、教団を継承し、弟子や信者を指導したと見ることもできる。

イエスがヨハネの教団の一部を継承したことは、まぎれもない事実であろう。だからこそ『ヨハネ』だけでなく、他の三つの福音書も、ことごとくバプテスマのヨハネを登場させ、イエスが洗礼を受けてヨハネの弟子になったようなエピソードを書き込んでいるのである。洗礼を受けるということは、ヨハネを認めたということで、だからヨハネに敵対したのではなく、ヨハネの死後、ヨハネの跡を継いだという、倫理的にも妥当な経過があったことを、初期キリスト教団は主張する必要があった。

だが、教祖が死んだ教団を、そっくり継承したということになると、イエスの優位性が示せない。そこでペテロとアンデレの登場の場面では、教祖のヨハネがまだ活動している時に、この二人がイエスの方を選ぶということになっている。もちろん事実としても、イエスはヨハネの生存中から、活動を始めていたと思われる。

ではなぜペテロとアンデレは、師のヨハネを捨てて、イエスに従ったのか。バプテスマのヨハネの活動も一種の新興宗教であるが、イエスの初期の活動は、もっと小規模な、おそらく弟子が数人しかいないような状態だったと思われる。

印象的なエピソードを紹介しよう。ペテロは漁師であるので、船から網を下ろして魚をとっていた。淡水湖だから潮の具合などは関係ないはずだが、風向きとか空模様が関係するのか、魚はまったくとれなかった。そこにイエスが来て、魚をとれと命じる。イエスにいわれたとおりに網を下ろすと、船が沈みそうなほど魚がとれた。

これはイエスが魚とりの名人であったという話ではない。福音書のエピソードの多くは、隠喩《いんゆ》、すなわち、たとえ話である。のちに魚はキリスト教徒のシンボルとなった。それは「イエス・キリスト・神の子・救世主」というギリシャ語を並べると、その頭文字が魚（イクスース）になるからだといわれている。

もう一つは、イエスの生誕に始まるとされる西暦を境に、二千年間、魚座の時代が始まるとされていたことも関係しているだろう。読者は星占いに興味をおもちだろうか。一年を十二の星座に分け、太陽の位置によって占いをする。占星術では、春分の日に太陽がいる星座は牡羊座だとされている。これを春分点と呼ぶ。ところが地球は内部が液体なので、コマのようにゆるやかに首を振っている。内部が液体だと首を振るという現象は、テーブルの上で、ゆで玉子と生玉子を回転させてみるとわかる。

この首振り運動のために、春分点はおよそ二千年ごとに、一つ手前の星座に移動していく。占星術が確立されたいまから三千年前には、春分点は牡羊座にあったが、西暦紀元を境に魚座に移動したのだ。そこでキリスト教が広まった時代を、魚座の時代と呼ぶ。ちなみに西暦二千年を経過した二十一世紀からは、水瓶座の時代が始まるとされている。

とにかく、魚は、キリスト教徒のシンボルであり、魚がとれたというのは、信者が増えたということを意味している。

彼は「イエスの言葉の暗記」から始めた

バプテスマのヨハネはヨルダン川の水で洗礼をした。水をかけるだけで浄められたと人が感じたのは、浄めの前にお祓《はら》いでもしたのか、あるいはヨハネに超能力を感じさせるような威厳があったのか、とにかくこの浄めの儀式の効果は、教祖ヨハネの個人的能力に負うところが大きかった。したがって、弟子には真似ができない。

一方、イエスは言葉を重視した。たとえば山上の垂訓のような名せりふを弟子に伝える。言葉を暗記するだけなら、努力すればできる。各地に派遣された弟子がイエスの言葉を伝える。言葉に内容があれば、人々はその言葉を聞いただけで感動する。ペテロは愚直な人間である。真面目だが、教養もないし、頭脳明晰《めいせき》というわけではない。しかし努力してイエスの言葉を暗記すると、ペテロが伝えた言葉だけで人々が感動し、信者が増えたのだ。このことは、ペテロにとって、大きな喜びであったに違いない。

新興宗教は多くの場合、教祖の個人的魅力で人を集める。したがって、教祖がいなくなってしまうと、その教団は崩壊する。イエスの教団は、何よりも言葉を大切にした。生身の人間としての教祖は、いつか必ず死ぬ。しかし言葉は永遠に残る。言葉は人から人へ伝えることができる。教祖が語らなくても、弟子が言葉を伝えるだけでも、人々を感動させることができる。これがイエスの教団の魅力であり、キリスト教が世界中に広まり、現在もなお多くの人々に信仰されている理由である。

ペテロはイエスの側近となった。イエスはペテロを重用した。ペテロの愚直さを評価したのである。あとで述べるように、『ヨハネによる福音書』の作者とされるヨハネを、イエスはとくに愛していた。教養にしても、頭のよさにしても、ヨハネの方が上であることは間違いない。しかしペテロには重要な役割があった。簡単にいえば、説教にはボケ役が必要だったのだ。

イエスが教えを説く。頭のいい弟子は、わかったふりをして黙って聴いている。愚直なペテロは、わからないことがあると、それはどういう意味かと質問する。それにイエスが答える。漫才にボケ役が必要なように、ペテロの素朴すぎるほどの質問によって、聴衆はイエスの教えを理解することができたのである。ペテロは一般の信者の代表として、イエスに質問する役割を担っていたのだ。ペテロ（岩）の上に教会が建つ、とイエスが言ったのも、ペテロのような愚直さで大衆運動を展開することによってこそ、キリスト教団が発展することを、イエス自身が予測していたからだろう。

とはいえペテロの愚直さは、時としてイエスをいらだたせたようだ。イエスは自分が逮捕され、処刑されることを予言したことがある。するとペテロは大いにあわてて、「主よ、とんでもないことです。そんなことがあってはなりません」と抗議を始める。イエスが生け贄の小羊となって処刑されるからこそ、「新約」というものが成立するのだ。その何よりも大切な原理を理解しないペテロは、驚き、うろたえる。

「三回、私を知らないと言う」

この時イエスは、頭にきたようで、ペテロに向かって、「退け、サタン」と罵声《ばせい》をあびせる。サタンすなわち悪魔というのは、最大級の罵倒《ばとう》である。

最後の晩餐の直後にも、ペテロはイエスをいらだたせる。イエスはこう予言する。

「今夜、あなたがたは皆、わたしにつまずく」

これは教祖の逮捕によって、弟子たちが動揺することを指摘しているのだ。

ところが愚直なペテロは、あわてて誓う。

「たとえみんながあなたにつまずいても、わたしはけっしてつまずきません」

ここでイエスは、キリスト教の教義の根幹を成す、重要な予言をすることになる。

「はっきり言っておく。あなたは今夜、鶏が鳴く前に、三度、わたしのことを知らないと言うだろう。」

ペテロはさらに誓いを重ねる。

「たとえ、ご一緒に死なねばならなくなっても、あなたのことを知らないなどとはけっして申しません」

残念ながら、イエスの予言は実現してしまう。逮捕されたイエスは、大祭司カヤパの館に連行される。エルサレムは城壁都市である。街路の左右にも迷路のように石の壁が続いている。ヨーロッパの都市はどこもそうだが、一戸建て住宅というものは都心にはない。

街路の左右に長大な建物がつながっている。では庭はないかというと、そうではない。表通りと裏通りの間に、中庭がある造りになっている。

　おそらく大祭司の館は、一つの街区の全体を占めるものであったろう。道路沿いに建物が塀のように長く延びていて、その建物に囲まれた広大な中庭があったはずだ。イエスはその中庭で群衆に囲まれ、人民裁判かリンチのような感じで、群衆の非難にさらされることになる。

　そして、唾を吐きかけられ、拳で殴られ、茨《いばら》の冠をかぶせられ、鞭《むち》で打たれ、十字架にかけられて処刑されるという、悲劇のコースをたどることになる。（211ページ図版参照）

イエスは逮捕され、自分たちは無事だったことの意味

　イエスを逮捕したのは、サドカイ派の神殿兵である。サドカイ派は騒ぎが大きくなることを恐れていた。暴動などの混乱が生じると、それを口実に、ローマの弾圧が強まる可能性がある。サドカイ派は神殿の警備のためのわずかな神殿兵をかかえているだけで、もとよりローマに対抗するような軍事力をもっているわけではない。いわばローマのお情け

で、神殿と自治機関の最高法院を維持することが許されているにすぎない。

この点では、ガリラヤ州の領主、ヘロデ・アンティパスも同様である。この時、アンティパスは推移を見守り、必要ならば総督ピラトに嘆願するために、ガリラヤを出て、エルサレムに滞在していた。アンティパスはガリラヤで暴動が起こることを恐れている。大祭司カヤパとアンティパスは共謀して、教祖のイエスだけを逮捕するという作戦をとった。そのために、イスカリオテのユダが裏切って、これが教祖だと、イエスを指し示すことになる。神殿兵たちは、イエスの顔を知らなかった。

これはイエスの望むところであった。生け贄の小羊として自分が処刑されるというイベントによって、自分の宗教活動は完成されると考えていたのだ。そして十二使徒が残れば、初期キリスト教団の組織は温存される。こういうイエスの意図を、ペテロは理解していなかった。もちろん、カヤパやアンティパスの思惑も、わかっていない。

何だかわからないうちに、イエスが逮捕され、自分たちは逮捕されなかった。裏切ったユダだけでなく、他の使徒たちも、組織を温存する必要性は感じていたから、慎重に身を隠していた。ただペテロだけが、心配でたまらなくなり、カヤパの館に様子をうかがいにいく。おそるおそる中庭に入ったペテロは、そこで口うるさいおばさんたちにつかまってしまう。こいつはあの教祖の弟子だ。顔を憶えている。こいつにはガリラヤ訛がある。女たちは口々に、ペテロを批判し、中庭に居合わせた群衆をあおろうとした。ペテロは、あんなやつは知らない、と行って逃げようとしたのだが、また別のおばさんにつかまってしまう。そして、ペテロが三回、知らない、とくりかえした直後に、鶏が鳴く。イエスの予言どおりに、ペテロはイエスを裏切ってしまった。ペテロはようやく中庭から逃れると、自分の罪の重さに号泣する。

「十字架」、キリスト教はこの瞬間に始まった

夜が明けると、イエスは総督ピラトに引き渡される。ユダヤ人による自治では裁判で判決を出すことはできるが、罪人を処刑する権利は与えられていなかった。ここから先は総督に率いられたローマ軍の管轄になる。ピラトは自らイエスを尋問して、この教祖が並々ならぬ人物であることを確信する。そこで責任逃れというアイデアがひらめいたのか、ピラトはユダヤ人たちに、恩赦の提案をする。

この日は過越の祭である。ユダヤの罪人を一人、恩赦で許そうというのだ。しかしユダ

ヤの群衆は、イエスではなく、バラバという罪人の恩赦を求める。

そしてイエスは十字架にかけられる。さまざまな絵画に描かれるように、手首と足首に釘を打ち込んで十字架に固定する、残酷な処刑である。その無残なイエスの姿を、ペテロも目撃したことであろう。その時、ついにペテロは、イエスの意図を悟ったのである。

イエスは生け贄の小羊である。イサクを犠牲にしたアブラハムの契約は、アブラハムの子孫を神が守るというものであった。イエスは民族意識の枠を超えることを意図している。イエスは全人類を罪の穢《けが》れから救おうとした。ユダヤ人が神殿前の屋台で生け贄の動物を買って浄めをし、バプテスマのヨハネがヨルダン川の水で浄めをしたように、イエスは自らの血と命によって、罪を負った全人類を救済する。

全人類を救済するというのは、いささか抽象的な概念である。長い時間をかけて、弟子たちはそのことを理解した。さらにパウロという思想家がのちに現れて、数多くの『手紙』と呼ばれる論文を書き、イエスの活動を一つの論理にまとめ、教義として定着した。しかし、そのような時間をかけるまでもなく、この瞬間、ペテロには、すべてが直観的に理解できたのだ。

その日の朝、鶏が鳴く直前に、ペテロは主を裏切るという罪を犯した。数時間前に罪を犯し、号泣した体験をもっているペテロには、目の前の十字架にかかっているイエスが、まさにペテロ自身の罪を浄めるために命をかけたのだということがわかった。

この時、神および神の子としてのイエス、そしてペテロとが、一直線に結ばれた。その周囲にいる「人類」などというものは、どうでもよかった。ペテロはかつてアブラハムがそうだったように、神と一対一で向かい合っていたのだ。その神とペテロの媒介として、十字架があった。キリスト教は、この瞬間に始まったといっていい。ペテロの体験の上に、教会が築かれた。この結果、ペテロは初期キリスト教団の指導者となり、ローマにおいて殉教することになる。

自分の罪が、十字架上のイエスによって救済される。これがキリスト教の根本原理である。罪のない者に、宗教は不要だ。キリスト教徒は教会に出かけ、自らの罪を懺悔《ざんげ》する。自分を見つめ、自分の罪を認識し、そしてイエスによる救済に感謝を献げる。罪の意識が大きな人ほど、敬虔なキリスト教徒になることができる。罪なき者は、傲慢な異端者なのである。

6章

「最後の晩餐」に隠された愛弟子の順位

――死なない弟子、そしてイエスの双子

ヨハネの兄の記述がほとんどない

イエスの使徒の中で、ガリラヤ湖の漁師とされる人物が、ペテロとアンデレ兄弟の他に、あと二人いる。すなわち、ヤコブとヨハネ、こちらも兄弟である。

ヤコブとヨハネも、ガリラヤ湖の漁師ということになっているが、ペテロやアンデレのような雇い人ではなく、網元のゼベダイの息子であった。網元は流通や加工も担当していたと思われるので、ゼベダイは新興の商人であったと見ていい。商人の息子であるから、この二人は富裕な階層である。

まずヤコブについて述べておく。先にパウロについて述べた時、最初の殉教者ステパノの話をしたが、十二使徒の中で最初に殉教したのはヤコブである。ガリラヤ州で布教していて、ヘロデ・アンティパスによって処刑されたとされる。他の使徒たちは、初期の段階では用心深く身を隠したり、ユダヤの外の地域で布教をしていた。なぜヤコブだけが殺されることになったのか。

気になることがある。ヤコブとヨハネは兄弟で、つねにヤコブの名の方が先に記載されることから、ヤコブが兄でヨハネが弟であることは間違いない。また、逮捕の直前、イエスがゲッセマネの園で祈る場面では、ペテロ、ヤコブ、ヨハネの三人だけが、側近としてそばにはべっている。イエスがこの三人を信頼していたことは間違いない。

にもかかわらず、福音書では、ヤコブの行動もせりふも、ほとんど描かれていない。同じようにペテロの弟のアンデレも、出番はほとんどないのだが、これは弟であるし、兄の陰につねに隠れていたのだろう。ヤコブの場合は兄であり、網元の息子として、おそらくイエスの教団のパトロンとなっていたと思われる人物なので、福音書にほとんど記載がないということは、いかにも不審である。

なぜヨハネは特別の弟子となったのか

この二人もバプテスマのヨハネの弟子であったが、ただの弟子ではなく、高弟であったと思われる。おそらく父親のゼベダイが、ヨハネの教団のパトロンになっていたのだろう。当時のユダヤの経済は、保守的な地主貴族によって支配されていた。地主が流通も支配していたので、商人の活躍の場は限られていた。ゼベダイはガリラヤ湖の魚という、地主に支配されない商品を扱うことによって、急速に勢いを伸ばしつつあった人物であった。そこでヘロデ・アンティパスや地主貴族を批判していたバプテスマのヨハネに資金を提供して支援していたものと思われる。

教祖のヨハネが処刑され、弟子たちの多くをイエスが継承したので、ゼベダイもイエスを支援することにしたのだと思われる。

もちろんヤコブもヨハネも、バプテスマのヨハネの思想を深く理解していたはずだが、その理解の仕方に、兄弟で差異があったのだろう。弟のヨハネは『ヨハネによる福音書』の作者とされている。この作品は他の三つの福音書と違って、エッセネ派の思想が色濃く反映されている。イエスもエッセネ派の出身なので、この点で、ヨハネは素直にイエスの弟子になれた。

一方、兄のヤコブの方は、バプテスマのヨハネの民族主義的なところや、ヘロデ・アンティパスを鋭く批判する反体制的なところを評価していたのだろう。イエスも神殿で暴れたり、パリサイ派と論争をくりかえすなど、保守的なものに対しては批判的だった。しかし神殿で暴れた以外は、武力闘争には関心がなかった。またローマに対しても、積極的な批判は控えていた。

スペイン・サンチャゴにある大聖堂

聖ヤコブはスペインでは「サンチャゴ」となる

イエスはユダヤ民族を超えた世界を見渡していたので、はっきり言って、民族主義者ではなかった。この点で、ヤコブはイエスに対して、距離をとらざるをえなかったのだ。

イエスの死後も、ヤコブは民族主義を捨てることができず、おそらくガリラヤ州で、反体制運動を続けていたのだろう。ゲリラ活動くらいはやったのかもしれない。それでヤコブだけが逮捕され、斬首という刑になってしまった。

しかし最初の殉教者としてのヤコブの人気は高かった。やがて伝説が生まれる。斬首されたヤコブの遺骸は、小舟に乗せて地中海に流されたのだが、これがスペインに流れ着いて、ヤコブの墓が作られた。これが後に発見されて大寺院が建設されることになる。

ヤコブは英語ではジェイコブ、変形してジェイムズ（ジム、ジミー）と呼ばれるが、スペインではイアーゴと呼ばれる。聖ヤコブは、サンティアーゴ、あるいはサンチャゴとなる。スペインの西海岸にサンチャゴ・デ・コンポステラ（星の野の聖ヤコブ）という地があるが、ここはヨーロッパの人々の巡礼の目的地になっている。またエルサレム、ローマと並んで、キリスト教の三大聖地とされている。

弟のヨハネに話を移そう。ヤコブとヨハネは最初から特別の弟子であった。これは父親のゼベダイが金銭的に支援をしていたということと、バプテスマのヨハネの弟子たちを大量に引きつれてイエスの教団に加わったということが関係している。簡単にいえば、ヨハネの高弟であった二人がイエスの弟子となったので、その配下にあった人々がそのままイエスに従ったということである。

イエスの初期の教団は、ヤコブとヨハネに従っていた者たちだということになる。だから、二人の母がイエスのところに赴いて、天国ではヤコブとヨハネを、イエスの左右に配してほしいと嘆願するのも、不遜《ふそん》な要求というほどではない。

別の福音書では、二人が自ら、イエスの側近の地位を要求したことになっている。ここでイエスは、天国での座席の配置は自分の決めることではないと、ごまかしてきりぬける。というのは、教団のナンバー2は、ヤコブたちではなく、あとで述べるように、イスカリオテのユダだったからだ。

ヤコブはイエスと距離をとっていたが、ヨハネはイエスの側近として重用された。ここにそのことの明らかな証拠がある。最後の晩餐における座席の配置である。

「最後の晩餐」が描く愛弟子の順位

レオナルド・ダ・ヴィンチが描く最後の晩餐の絵画（表紙カバー参照）はあまりにも有名だが、あれは教会の食堂に描かれたもので、神父や修道士が十二使徒と向かい合って食事ができるように描かれている。そうでなければ、使徒たちが横一列に並んでいるというのは、食事の風景としては異様である。

実際には、奥の主賓の席には、三人がけの寝椅子が置かれ、その手前の両側に使徒たちの席が配置されていたと思われる。三人がけであるから、イエスが中央にいるとして、同じ寝椅子の左右にも弟子が座していたのだろう。この二人が、イエスの二大弟子といっていい。

当時多くの館で用いられていたのは、ギリシャふうの三人がけの寝椅子である。これは左側にもたれかかる台があるので、左端の人はそこに寄りかかる。真ん中の人は左側の人にもたれ、右端の人は真ん中の人にもたれる。左側に寄りかかるのは、右手でワインを飲んだり食事をするためである。

『ヨハネ』における最後の晩餐の描写では、イエスの胸に頭を乗せている弟子として、「イエスの愛しておられた弟子」という人物が登場する。この福音書では、全編において、ヨハネという名前は伏せられている。ヨハネが作者なので、書かなくともわかるということだろう。したがって、「イエスの愛しておられた弟子」（以下「愛弟子《まなでし》」と呼ぶことにする）とは、ヨハネ自身と考えていい。

イエスに寄りかかっていたのだから、ヨハネの位置は、右端である。では、左端には誰が座していたのか。

晩餐の席上、イエスは弟子の中から裏切り者が出ることを予言する。使徒たちは、まさか自分ではないだろう、と話し合う。そのイエスは、「わたしと一緒に鉢に食べ物を浸している者がそれだ」と発言する。ただし、その声は、他の弟子たちには聞こえなかったと思われる。聞こえていれば、その裏切り者をつかまえてしまえばいいからだ。

ところで、鉢に食べ物を浸すとはどういうことか。最後の晩餐の食事は、過越の祭のメニューであるから、種なしパンを食べる。酵母で発酵させていないパンは、ふくらんでいない。固くて食べられないので、果実のジュースのようなものに浸して軟らかくしてから食べる。その鉢が、配置されているのである。

ユダはナンバー2の地位にいた

おそらくイエスたちの三人がけの寝椅子の前に、鉢が一つだけ置かれていたのであろう。すると、「わたしと一緒に鉢に食べ物を浸している者」というのは、右側にいるヨハネを除くと、イエスの左側に位置している者だ。このことから、イエスの左にはイスカリオテのユダがいて、イエスはユダに寄りかかっていたことになる。主が寄りかかるというのは、十二弟子の中でも最も重要な人物ということになる。

イスカリオテのユダについては、あとで述べることにして、ここではヨハネがイエスの右隣にいたということを確認しておけばいい。ユダがナンバー2なら、ヨハネはユダと同等か、少なくともナンバー3の地位にいたことになる。

では十二使徒の筆頭のペテロはどこにいたか。『ヨハネ』によれば、イエスが裏切り者の予言をした時、ペテロはヨハネに合図を送って、それが誰か尋ねるように頼んでいる。このことから、ペテロはかなり遠い席にいたことがわかる。たぶん、末席に近いところにいたのだろう。

それにしても、愛弟子というのは、奇妙な表現である。イエスは他の弟子を愛さなかったのかと言いたくなる。もちろんこれは『ヨハネによる福音書』だけに出てくる表現である。ヨハネこそが、イエスの愛弟子なのだというのが、この福音書の基本テーマなのだ。

この愛弟子ヨハネの最も魅力的で、ある意味で奇妙なところが、福音書の結びの部分にある。その部分を見てみよう。

「ペテロが振り向くと、イエスの愛しておられた弟子がついて来るのが見えた。この弟子は、あの夕食のとき、イエスの胸もとに寄りかかったまま、『主よ、裏切るのはだれですか』と言った人である。ペテロは彼を見て、『主よ、この人はどうなるのでしょうか』と言った。イエスは言われた。『わたしの来る時まで彼が生きていることを、わたしが望んだとしても、あなたに何の関係があるか。あなたは、わたしに従いなさい』それで、この弟子は死なないといううわさが兄弟たちの間に広まった。」

この話で何よりも奇妙なのは、ペテロがわざわざ「この人はどうなるのでしょうか」とイエスに尋ねていることだ。最初からヨハネを特別扱いしているのである。単に「イエスの愛しておられた弟子」だからといって、それだけの理由で、この弟子だけが死なないというほどの特別扱いを受けるのは、不思議というしかない。

『ヨハネ福音書』だけにある「ラザロの復活」

この謎を解くカギは、『ヨハネ』の中に書かれている。他の三つの福音書にはなく、この福音書だけに書かれている印象的なエピソードとして、「ラザロの復活」の物語がある。すなわち死人がよみがえる話である。その部分のあらすじを紹介しよう。

エルサレムの郊外に、ベタニアという村がある。その村でラザロという人物が病気で亡くなろうとしていた。姉妹がイエスのところに来て、「あなたの愛しておられる者が病気なのです」と告げる。この頃はイエスの教団は大きくなり、敵対するパリサイ派との衝突が懸念されていた。ベタニアはエルサレムに近い。パリサイ派の群衆につかまったら、命が危うい。イエスは二日ほどためらったあとで意を決し、危険を冒してベタニアに赴く。そして、すでに息絶えているラザロを復活させるのである。

イエスはその活動期間中に、数多くの奇蹟を起こしている。ハンセン病、中風、聾唖、盲人、てんかん、悪霊つき、水腫といった病を治癒している。死者を蘇生させたのは、このラザロの他に、あと二人(「ヤイロの娘」と「ナインの若者」)いる。だから、死んだ人間が生き返るということに、それほど驚く必要はない。この種の伝説では、よくある話だといってもいいのだ。

だがこの話には、特別な要素がある。亡くなったラザロという人物が、「あなたの愛しておられる者」とされている点だ。イエスに博愛の精神があって、すべての人を愛していたという話ではない。イエスはしばらくためらったのちに、思い余ったように危険な場所に出かけていく。そして、ベタニアに着いてラザロの死を知ると、激しく嘆き悲しむ。それほどまでにイエスはラザロを愛していた。

ここですぐ気づくことは、イエスのかたわらに、愛弟子の姿が見えないことである。危険を冒してベタニアに向かおうとするイエスの周囲で、弟子はひたすらうろたえている。

ただトマスという使徒だけが、「わたしたちも行って、一緒に死のうではないか。」と決意を表明するのみだ。

「ラザロ」こそ「ヨハネ」その人であった

いつもかたわらにいるはずの愛弟子はどこにいるのか。簡単な話だ。ラザロこそ、愛弟子その人なのだ。イエスの弟子で、名前が二つある人物は少なくない。ペテロは元の名はシモンだった。マタイはレビだった。また他の三つの福音書でバルトロマイと呼ばれている使徒は、『ヨハネ』ではナタナエルと呼ばれている。ラザロが本名で、ヨハネというのは、イエスが付けた名前か、あるいはヨハネが最初はバプテスマのヨハネの高弟であったことからすると、師の名前を受け継いで、二代目ヨハネと名乗った上で、多くの弟子を引きつれてイエスの教団に入ったとも考えられる。

ベタニアには、父ゼベダイの商業の拠点があったのだろう。ガリラヤ湖でとれた魚は、エルサレムの中流以上の人の食卓に上ったはずである。そのため近郊のベタニアに、魚の倉庫があった。ヨハネは資金調達のために、父に会いにベタニアに赴いたところを、パリサイ派に襲撃されて負傷した。そう考えると、イエスが二日間ためらった理由もわかる。ヨハネを襲った連中が、また襲ってくるおそれが充分にあったのだ。

父の館にいたから、ここでは幼少の頃からのラザロという名前で呼ばれていた。ベタニアに赴いたイエスも、この名前で、愛弟子に呼びかける。「ラザロ、出てきなさい。」するとすでに墓に埋められていたラザロが、蘇生して墓から出てくるのだ。

ラザロすなわちヨハネは、一度死んだ人物である。イエスの超能力によって生かされている人間である。だからこそ実直なペテロは、思わずイエスに問いかけずにはいられなかったのだ。イエスによって生かされたヨハネは、そのままずっと死なないでいるのかと。ヨハネとはそのような、特別の使徒なのである。

復活を信じなかった「疑いのトマス」

十二使徒のリストの最初の四人は、ガリラヤの漁師であった。次の四人は、収税人マタイを別にすれば、エッセネ派の修行者であったと考えられる。

このうちピリポとバルトロマイは、いつも連続して名前が出てくる。そして『ヨハネ』

聖墳墓教会。ゴルゴタの丘はここにあったとされる

では、ピリポの友人としてナタナエルが出てくる。この福音書にはバルトロマイは出てこないから、おそらく名前がナタナエルで、苗字がバルトロマイという人物なのだ。バルトロマイというのは、「トロマイの子」という意味で、ジョンソンとかアンダーソンというような苗字の一種だ。

『ヨハネ』では、まずピリポがイエスに招かれ、ピリポがナタナエルを誘って教団に入ることになっている。ナタナエルはピリポの話を聞いても、「ナザレから何か良いものが出るだろうか」と懐疑的であった。ところがそのナタナエルに、イエスは謎のような言葉をかける。「わたしはあなたがピリポに話しかけられる前に、いちじくの木の下にいるのを見た。」それを聞いただけで、ナタナエル（バルトロマイ）はたちまちイエスのとりこになり、弟子になってしまうのである。

これはイエスに透視能力があったという話ではない。「いちじく」はユダヤの律法のシンボルである。バルトロマイが律法を研究していることを、イエスは見抜いたのだ。

この話はあまりにも出来過ぎているので、あとから加えられた創作であろうと思われる。むしろこの二人の使徒は、イエスの荒れ野における仲間だったと考えるべきだ。おそらくこの二人こそが、最初の同行者だったのだろう。そこにバプテスマのヨハネの弟子たちが加わり、イエスは急に多くの弟子をかかえることになったのだ。

バプテスマのヨハネの弟子たちは、イエスの教団に入っても、実質的にはヤコブとヨハネの兄弟が率いていた。したがって、この二人は特別扱いをされていた。最初から仲間のピリポとバルトロマイは、少し距離をとって、イエスの教団に属していた。単なる弟子ではなく、エッセネ派時代の仲間として、参謀のような役割を担っていたのかもしれない。

問題は、三人目のトマスである。トマスの出番も、それほど多くはない。先にご紹介した、ラザロの復活の場面で、「わたしたちも行って、一緒に死のうではないか。」と勇ましい決意表明をする場面は、貴重な出番の一つである。

もう一つ、印象に残る場面がある。

イエスが示した奇蹟の中で最大のものは、十字架における死の直後に、イエスが再び弟子たちの前に姿を見せたことだ。すなわち「復活」である。生前のイエスの姿のままで現れるわけではない。もはや神の領域に入っているので、姿はまったく変わっている。

最初に弟子たちの前にイエスが現れた時、トマスはその場にいなかった。弟子たちからイエスの復活の話を聞いても、トマスは信じなかった。そのトマスの前にイエスが姿を現したが、姿が変わっているので、トマスはまだ信じることができなかった。するとイエスはトマスの手をとって、脇腹の槍で刺された傷と、手首の釘で打たれた傷を示した。その傷に触れることによって、はじめてトマスは、イエスの復活を信じたのである。

このエピソードから、トマスは「疑いのトマス」と呼ばれることになる。この疑い深さは、トマスがただの弟子ではなく、エッセネ派の仲間として、ある種のプライドをもっていた人物ではないかと感じさせる。

「双子のトマス」は誰と双子だったのか

話はそれだけで終わらない。そもそもトマスというのは、名前のない人物である。「トマス」はアラム語で双子《ふたご》という意味で、名前ではないのだ。日本語の聖書では、「デドモのトマス」と表記されることがあるが、このデドモ（あるいはディディモ）はギリシャ語で「双子」という意味で、単にトマスという語の意味を翻訳して説明しただけのものだ。英語の聖書では、デドモは英語に翻訳して、ツイン（双子）と書かれている。すなわち、「双子のトマス」といった感じだ。

トマスは誰かの双子なのだ。しかし、誰の双子なのか、福音書には何も書かれていない。トマスはただ「双子」と呼ばれていたのだ。これはよほどの有名人の双子なので、誰の双子かを書く必要がなかったということではないのか。

そう考えると、この人物は、イエスの双子ではなかったか、という驚くべき推理が浮かび上がってくる。これはわたしが勝手に推理しているわけではない。トマスに関しては、さまざまな伝説が生まれ、また『トマスによる福音書』という、第五の福音書があるという伝説も生まれていた。

それは、伝説ではなかった。終戦直後、「死海文書」の発見とほぼ時を同じくして、エジプトのナイル川の河原から、壺に入ったコプト語（イエスの時代のエジプト語）の『トマスによる福音書』が出現したのである。これは四つの福音書のような、言行録として完成されたものではなく、せりふだけが書かれたものではあるが、「死海文書」にも福音書にもない、独自の思想が語られていて、キリスト教の歴史に新しい視点をもたらすものであった。

この『トマスによる福音書』は、『ヨハネ』以上にエッセネ派的な色彩が強く、グノーシスと呼ばれる神の叡智の意義が説かれている。また、ペテロ、ヤコブ、ヨハネよりも、トマスをイエスの側近とし、特別の使徒としている点でも、この福音書の特異さがうかがえる。

トマスが双子と呼ばれたのは、顔が似ているというよりも、荒れ野での修行時代に、イエスに匹敵するほどの教養と見識をもっていたということではないだろうか。そこで単なる使徒ではなく、イエスの双子の兄弟のように、別格の人物として扱われていたのだろう。少なくともこの福音書では、そういう設定で話が進んでいく。

さらにこの福音書では、マグダラのマリア（この福音書では「マリハム」と呼ばれている）がペテロよりも上位に位置づけられている。マグダラのマリアは、もう一人の使徒と呼んでもいいような存在で、『トマス』だけでなく、われわれがよく知っている四つの福音書でも、特別な弟子として、印象に残るエピソードが書かれている。

「娼婦の仕事」は「姦淫」ではない？

ローマに支配されているユダヤ、という状況は、日本の終戦直後に似ている。日本は独立国ではなく、米軍の管理下にあった。天皇制は認められ、宗教の自由はあったが、日本人は貧困のどん底にあった。そういう時に、米軍兵士を相手にするバーやキャバレーのホステスをして、ふつうの日本人より豊かな生活をしている女性がいれば、周囲の日本人から白眼視され、袋叩きになりかねない状況だっただろう。

当時のガリラヤにも、ホステスはいた。州都のティベリアスの少し北にあたるガリラヤ湖の湖岸に、マグダラという町があった。ここは温泉が出るところで、ローマ軍将校の保養所になっていた。当時のユダヤには、ローマ軍が駐屯していたが、兵士の大半はアラブ系やギリシャ系の傭兵《ようへい》である。ローマ人は将校クラスに限られていた。

マグダラのマリアは、マグダラ出身の女というよりも、マグダラで働いている女という意味で、こう呼ばれていたのだろう。ローマの将校を慰安して金を稼ぐ女は、関所でローマの手先として通行税をとる収税人と同様、ユダヤにあっては最も嫌われる職業だった。

このマグダラのマリアは、福音書のさまざまな場面に登場する。まずは七つの悪霊にとりつかれた女である。イエスが悪霊を追い出してくれたので、女は救われる。これはヒステリー気味の抑鬱《よくうつ》症を、心理療法で治したと考えれば、合理的に解釈できる。この種の女性は、古代にあっては巫女としての超能力をもっている可能性がある。出エジプトの旅では、モーセの姉のミリアムが巫女として活躍したことを思い起こしていただきたい。ミリアムのアラム語がマリハム、ガリラヤ訛がマリアだ。

次に、パリサイ派の民衆に石で打ち殺されそうになっていた「罪の女」というのがいる。ここは有名な場面である。罪の内容は書かれていないが、単なる不倫ではなく、ローマの将校相手の娼婦だということで責められたのではないか。十戒にも、「姦淫してはならない」と書かれている。姦淫というのは、正式に結婚した夫婦でない男女の交わりであるから、娼婦は明らかに姦淫をしていることになる。

罪の女は、民衆に石で打ち殺されそうになっているのだが、そこにイエスが現れて、「心の中で姦淫したことのない者のみ石を投げよ」と命じる。誰でも、心の中では、よこしまなことを考えているものだ。そこで、誰も石を投げることができず、女は救われた。

別の場面でイエスは、罪の女について、「罪は許された」と宣言し、「彼女は多く愛したから、多くの罪が許された」と説明する。これが娼婦について言われたことだとすると、パリサイ派でなくても、驚かずにはいられない逆説である。

イエスの教団には、女性の信者が大勢いた

さらに、イエスの足を油で浄めた女がいる。香りのよい高価な油であったため、イスカリオテのユダが、そんな金があるなら貧しい者に施しをすればいい、と批判する。するとユダをイエスがたしなめる。このエピソードからはいくつかのことがわかる。まずマリアがイエスの側近というべき位置にいたこと。高価な油をおそらく自分で購入したこと（娼婦をしていた頃の貯金があったのか）。マリアには巫女的な予知能力があったのではないかと思われること。

マリアがなぜイエスを油で浄めたのか。油による浄めというと、預言者サムエルがダビデの頭を浄めた場面を思い起こすけれども、これは特別な場合である。ふつう油で浄めるというのは、死者を埋葬する場合である。ユダヤの埋葬は、死体を香草と油で浄め、亜麻《あま》布《ぬの》で包み、そしていくらでもある鍾乳洞《しょうにゅうどう》（入口が小さい場合は掘って入りやすくする）の奥に安置して石で穴をふさぐ。ラザロの復活でもわかるとおり、土の中に埋めるわけではないので、入口の石を押しのけて簡単に出てくることができるのだ。

実際にイエスが十字架にかけられた時は、急な逮捕と処刑だったため、香草や油を用意することができなかった。そのことを予知して、マリアは前もってイエスの体を香油で浄めたのだ。

もう一人、ラザロの復活の時にベタニアにいたマリアがいる。このベタニアの女はラザロの妹ということになっているが、かつてイエスを油で浄めた女とも書かれているので、明らかにマグダラのマリアである。『トマス』の中でマリアが高弟として描かれているように、マリアはペテロなどより、エッセネ派の哲学を勉強していたのだろう。したがって、バプテスマのヨハネの高弟だった使徒ヨハネとは親しかったはずだ。ヨハネ（ラザロ）がベタニアに赴いた時、マリアも同行したと考えれば、すべての女が同一人物であると考えることができる。

マグダラのマリアだけでなく、イエスの教団には多くの女性が加わっていた。これは当時としては驚くべきことである。当時のユダヤでは、女性の地位は著しく低かった。ユダヤの民衆は、シナゴグと呼ばれる会堂で開かれる祭司による儀式に参加したが、会堂の一階席で儀式に参加できるのは男だけで、女は屋根裏のようなところで傍聴を許されるだけだった。

「娼婦マリア」はイエスの高弟だった

イエスは女の弟子を、男と同等に扱った。このことによって女性の信者は増えただろうが、保守的な人々からは白眼視されたことだろう。

マグダラのマリアをイエスの弟子と考える時、その弟子としての地位は、ほとんど最高といってもいいのではないかと思われる。ペテロやマタイは、そのことが面白くなかったので、なるべくマリアのことを書かないようにしたのではないか。『トマス』だけが、高弟としてのマリアを描いている。

四人の福音書作家が、どうしても書かないわけにはいかなかった事実がある。復活したイエスの第一目撃者が、他ならぬマグダラのマリアだということだ。

十字架から下ろされたイエスは、ただちに埋葬されることになったが、香草や油の用意がなかったので、ただ亜麻布にくるんで、鍾乳洞の奥に安置された。翌日、マリアは香草と油を用意して、墓に赴く。穴の入口を石を積んでふさいである。石を取り除いて穴を開けるのは女性の手では大変な作業だが、墓に行ってみると、誰かが石を取り除いたようで、簡単に中に入れた。すると棺の中は空っぽになっていて、ただ死体に巻かれた亜麻布だけが残っていた。そして、マリアは復活したイエスの姿を目撃するのである。

7章

イエスにとってユダは「裏切り者」だったのか

――過激派集団が彼に求めていたものとは

ユダとはユダヤ人にとって英雄の名前である

ガリラヤの漁師でバプテスマのヨハネの弟子であったペテロ、アンデレ、ヤコブ、ヨハネ。エッセネ派の仲間であったと思われるピリポ、バルトロマイ、双子のトマス。そして、収税人のマタイ。ここまでで、十二使徒のうち八人を紹介した。残る四人は、一つのグループに属していたと考えられる。すなわち、アルパヨの子ヤコブ、タダイ、熱心党のシモン、イスカリオテのユダの四人である。

アルパヨの子ヤコブとタダイは、まったくせりふのない人物である。だからどんな人柄なのか、どんな思想をもっているのかも、まったくわからない。だが、注目すべき点がある。アルパヨの子ヤコブ、タダイ、熱心党のシモン、イスカリオテのユダは、いつも四人組で登場することだ。

そして、その四人の中に熱心党のシモンがいることから、この四人は熱心党の仲間で、つねに行動をともにしていたのではないかと推理できる。

熱心党は「律法に熱心」だという理由で、この名で呼ばれている。その点ではパリサイ派と同じなのだが、パリサイ派がエルサレムを中心に保守的な姿勢をもっていたのに対して、熱心党はガリラヤなどの辺境の地で勢力を伸ばし、過激なゲリラ活動を続けていた。のちの第一次ユダヤ戦争では、ユダヤに駐屯していたローマ軍に大打撃を与え、緒戦では勝利をおさめたほどである。

ユダヤ人は全員が民族主義者といっていい。ローマに支配されているという現実は、誰にとっても認めがたいことであったはずだ。だから熱心党の支持者は潜在的には、イエスの教団など及びもつかないほどの大きな勢力として、広範囲に広がっていたと思われる。

イエスの生誕の頃に、ローマによる戸籍調査が実施されたことを紹介したが、この時、ガリラヤのユダという人物が、大きな反乱を起こしている。そのためガリラヤ州の当時の州都は壊滅的な打撃を受け、ヘロデ・アンティパスはまったく別のところに新たな州都を建設したほどであった。

このガリラヤのユダの反乱に、ギリシャ人に支配されていた頃のマカベアのユダの反乱のイメージが重なる。ユダというのは、ユダヤ人にとっては名誉ある英雄の名前なのである。もちろんユダはイスラエルの子息の十二人兄弟の嫡男であり、ユダヤという国名もユダから発生しているのだが、この時代の人々にとっては、ユダという名前は反乱の首謀者というイメージが強かったはずだ。

ただし、マカベアのユダの頃と違って、ローマの植民地政策は、ユダヤ人にある程度の自治と信仰の自由を認めるもので、地主貴族、サドカイ派などはローマ経済によって利益を得ていた。一般の農民や労働者の中にも、反乱よりは貧しくとも平和な暮らしを望む人もいただろう。だから、ユダヤ人が団結して大反乱を起こすという状況ではなかった。

熱心党は、イエスの教団の利用を画策していた

しかしエルサレムがローマの直轄地になり、総督ピラトにゆだねられるなど、ローマの管理強化が進んでいたから、熱心党の支持者も増えていたはずだ。自ら反乱に加わることはなくても、こっそり政治資金を献金するといった人は少なくなかった。だから熱心党は、かなりの闘争資金をもっていたものと思われる。

熱心党は、勢力の拡大を狙っていた。イエスの教団が台頭してきたのを見て、この教団が利用できるのではないかと考えたとしても不自然ではない。民衆のすべてを統合して、反乱を起こすのが熱心党の最終目標である。人を集めている新興宗教があれば、様子をう

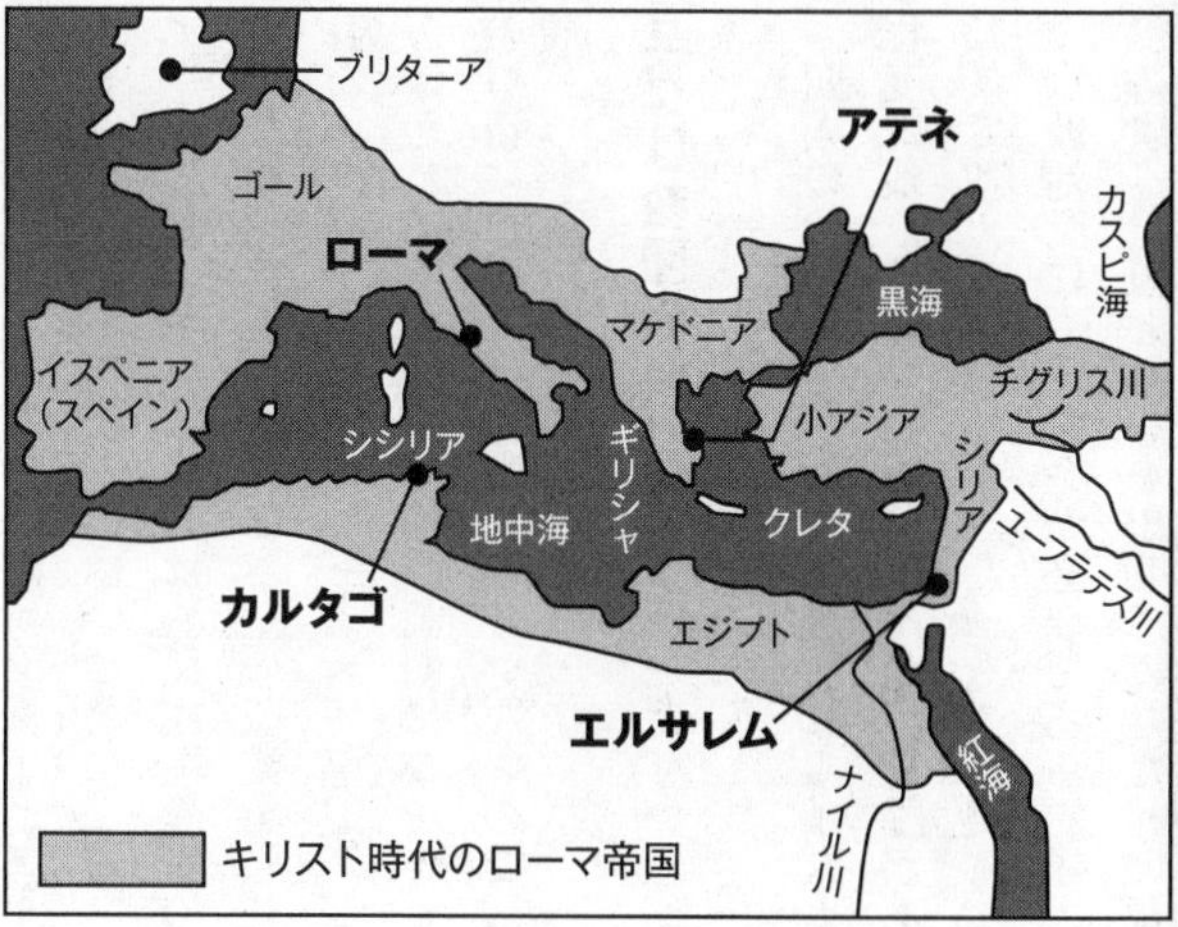

かがい、ひそかに吸収合併を狙う。

　イスカリオテのユダ以下四名の熱心党員は、そういう目的のために派遣された人々であった。シモンだけが熱心党と呼ばれたのは、ペテロと呼ばれたシモンと区別するためで、四人とも熱心党であったことは間違いない。

　余談になるのだが、収税人マタイが、元の名をアルパヨの子レビといったことを思い起こしていただきたい。四人の熱心党員の中に、アルパヨの子ヤコブという人物がいる。こちらもゼベダイの子ヤコブと区別するために、父親の名（あるいは先祖）を付けて呼ばれたのだろうが、アルパヨというのは、ヤコブとかヨセフなどのようなどこにでもある名前ではないので、あるいは、マタイとアルパヨの子ヤコブとは、兄弟かもしれない。そうすると、何とも面白いことになる。マタイはローマの手先といえる収税人である。アルパヨの子ヤコブの方は、民族主義者の熱心党である。この兄弟は、犬猿の仲だったに違いない。弟のヤコブは、兄の職業を恥じ、兄への反発から過激派に深入りしたのかもしれない。そして、対立していた二人が、イエスの教団に入ることで和解したのだとしたら、それはイエスの人徳の証明になるのかもしれない。残念ながら、福音書はそのあたりの事情については何も記していないので、これはあくまでも余談である。

ユダは教団の会計係であった

四人の代表者であったと思われるイスカリオテのユダは、熱心党の組織の中でも、ある程度は地位の高い人物であった可能性がある。ユダは熱心党の闘争資金の一部を、自分の裁量で使える立場にあった。その証拠に、ユダはイエスの教団の会計係を任されている。宗教活動にも、資金が必要である。イエスは数千人の聴衆を相手に演説したあとで、手品のように魚とパンを出してみせた、と福音書には記載されているが、それは大勢の観客がイエスの演説に聞き惚れて、空腹を感じることもなく長時間、聴き続けた、ということの表現であって、何もないところから大量の食料を出す超能力をもっていたわけではない。そんな能力があるのなら、どんどんパンを出すだけで、ほとんどすべての問題は解決してしまうのである。

イエスの支持者は、主に貧民（土地を持たない日雇い労働者）である。貧民はもとより貧乏であるから、大した寄進は期待できない。イエスの教団の経済を支えたのは、まずヤコブ、ヨハネの父のゼベダイである。新興の商人たちは、イエスの教団がユダヤの保守的な風潮に風穴を開けることを期待している。

同じように、イエスが十字架にかかった時、足の骨を折られないように尽力したアリマタヤのヨセフという人物は、最高法院の議員も務めていたというから、サドカイ派や地主貴族とも親交があったのだろうが、この人もおそらく新興の商人だったのだろう。最後の晩餐を用意したのも、この新興の商人だと考えて間違いない。

こうした商人たちの寄進に加えて、収税人マタイをはじめ、ローマ経済の中で利益を得ていた収税人や小規模な商人たちも、イエスを支持したはずである。

商人たちと並んで、イエスの教団を支えたのは、イスカリオテのユダがもたらした熱心党の資金である。こちらの方が金額が大きかったので、イスカリオテのユダがイエスの教団の会計係を担当するようになったのではないか。

マグダラのマリアが高価な香油でイエスを浄めようとした時、ユダが批判をしたのも、会計係を担当していたからだ。また最後の晩餐の席で、裏切りを予告され（その予告はペテロなどには聞こえなかった）、「なすべきことをなすがよい」とイエスに言われたユダが、裏切りのために席を立った時も、他の使徒たちは怪しまなかった。宴会の支払いとか、翌日以降の酒や食べ物の調達など、会計係としての用があるのだろうと考えたのだ。

実際は、ユダは神殿兵に通報して、イエスを逮捕する手助けをする。それもイエスだけを逮捕させるために、これが教祖だと合図を送るのである。ユダはなぜイエスを裏切ったのだろうか。

なぜユダは、裏切り者とされたのか

熱心党の狙いは、大勢の信者を集めているイエスの教団を、反体制運動に巻き込むことであった。イエスが布教活動を開始した時、民衆はイエスを「ダビデの子」と呼んだ。イエスは自分のことを「人の子」と呼んだにすぎないのだが、民衆の方がイエスに幻想を抱いた。

ダビデの子というのは言うまでもなく、怪物のような敵の戦士を石で打ち倒したダビデの再来という意味である。武力闘争の先頭に立って、ローマ軍を撃ち破り、ユダヤの独立を実現してくれる英雄を、イエスに期待していたのだ。イエスも当初は、民衆の期待を否定しなかった。とりあえず人を多く集めることを目標としていたのだろう。イスカリオテのユダがイエスに接近したのはこの頃である。

四人のうち、イスカリオテのユダ以外の三人は、イエスの死後も初期キリスト教団で活動を続けている。この三人は、当初は過激な民族主義者であったが、イエスの教えを聴くうちにしだいに感化されていったのだろう。一方、リーダー格のユダは、最後まで熱心党の思想を捨てきれなかった。

総督ピラトはユダヤの民衆に、罪人を一人、恩赦すると提案した。この提案は一種の責任逃れだと見ることもできる。ユダヤに与えられた自治権には、罪人を処罰する権限は含まれていなかった。最高法院で判決を出すことはできるが、あとはローマ軍に囚人を引き渡すことしかできない。死刑を執行するのはローマ軍であり、死刑執行の命令を出すのは総督ピラトの目には、イエスの教団とパリサイ派の対立は、ユダヤ人同士のいざこざと映っていたはずで、どちらが正しいとも判断しがたい。それなのに一人の人間を死刑にしてよいものかという迷いがあったのだろう。イエスがガリラヤでは人気があり、ガリラヤからイエスを支持する群衆が押し寄せる可能性もあった。そこで責任を、エルサレムの民衆に押しつけたのだ。

結果として、エルサレムの民衆は、バラバという囚人の解放を求めた。これはただの泥棒などではない。おそらく熱心党のリーダー格で、ゲリラ活動で捕まっていたのだろう。そう考えると、イスカリオテのユダとピラトあるいは大祭司カヤパとの間に、裏取引があったとも考えられる。イエスの逮捕に協力する代わりに、仲間のバラバを釈放するようにと、ユダが画策したのかもしれなかった。

いずれにしても、イスカリオテのユダは多くのキリスト教徒が考えているような、卑屈で矮小な、いじけた裏切り者ではない。金に目がくらんで通報したとか、そういうことではない。ユダはイエスの教団のナンバー2で、責任のある地位にいた。資金調達の責任者でもあった。むしろユダを通じて、熱心党の資金がイエスの活動の支えになっていたのだ。

イエスはユダに言う「なすべきことをなせ」

おそらくユダは、それなりの人格者であったろう。最後の晩餐でイエスの左側に位置することを、誰もが当然と受け止めていたのだ。「裏切るのはおまえだ」とイエスはユダにささやく。「なすべきことをなせ」と言われて、ユダは静かに席を立つ。起こったのはそういうことである。

これが本当に裏切りといえるのだろうか。確かに福音書の作者は、「裏切り」という言葉を用いているが、それは初期キリスト教団から見た考え方である。右に述べたような文脈で見ると、裏切りをそそのかしているのは、イエス自身だ。十字架上の死を、イエスは自ら望んでいた。また逮捕されるのは自分だけで、十二使徒は温存される必要があった。イエスの希望どおりの状況を、ユダが作り出したのだ。

そもそも神殿兵はなぜイエスだけを逮捕したのだろうか。イエスと十二使徒を一網打尽に捕らえることも可能だったはずだ。確かにイエスはガリラヤでは人気があったから、教団の幹部を全員逮捕したりすると、反乱が起こるおそれがあった。とはいえ、エルサレムはローマ軍によって守られているのだから、大きな問題ではなかった。

イエスだけを逮捕するというのも、イスカリオテのユダの画策によるものだろう。そのような画策を、イエスが指示したのかもしれない。そう考えると、ユダは裏切り者などではなく、ただイエスの指示に従って、カヤパと取引をしただけのことだ。その結果、十二使徒は逮捕されることなく、初期キリスト教団の布教活動を続けることができた。

つまり、キリスト教団を救ったのは、イスカリオテのユダなのだ。

しかしユダは裏切り者とされた。それはユダが、その後はキリスト教団から離れて、元の熱心党に加わったからだろう。イエスの死後、数十年を経て、熱心党は大反乱を起こす。そこに到る組織拡大の活動に、ユダも加わっていたのだろう。第一次ユダヤ戦争と呼ばれるこの反乱は、パリサイ派もエッセネ派も巻き込んで、ユダヤ民族が一丸となってローマ軍と闘うことになった。

エルサレムに駐屯していたローマ軍は限られたものだったので、緒戦はユダヤ側の大勝利に終わった。この敗戦は、長いローマ帝国の歴史の中でも、特筆されるべき失態であった。しかしローマ帝国は地中海の全域を支配していたから、援軍を送れば、ユダヤの軍勢など敵ではなかった。ユダヤは全滅し、エルサレムの神殿は廃墟と化した。まさにハルマゲドンのような事態が生じたのである。民族主義には限界があることを、この戦争は証明した。イエスは最初から、そのことを見通していた。

裸で逃げ出した「マルコ」という若者

十二使徒ではないが、マルコについても豆知識を書いておこう。もちろんマルコは福音書の作者として名前が知られているだけで、福音書の中に登場するわけではない。先に述べたように、マルコはペテロの側近で、ペテロが語ることをギリシャ語に翻訳して記録した、ということになっている。だから、マルコは直接、イエスの姿を見たわけではないと考えることもできる。

しかしのちにペテロの側近になるくらいなら、イエスの活動中に、弟子の末端として、教団に参加していたのではないかとも考えられる。

もしそうなら、『マルコ』の中に、マルコ自身が描かれているのではないか。ヒッチコックの映画には、監督自身がチラッと出てくるシーンがある。手塚治虫のマンガにも、作者がこっそりと自分自身を登場させた場面があるのではないか。そのように、マルコという名前でなくても、作者がこっそりと自分自身を登場させた場面があるのではないか。

そう思って『マルコ』をつぶさに検討すると、何やら怪しい記述が見つかる。

イエスが逮捕され、カヤパの館に引き立てられる場面だ。ペテロがついていって、おばさんにつかまって三回、イエスのことを知らないと言ったエピソードの直前に、同じようにイエスのあとを追いかけた弟子の話が出てくる。

「一人の若者が、素肌に亜麻布をまとってイエスについて来ていた。人々が捕らえようとすると、亜麻布を捨てて裸で逃げてしまった。」

記述はこれだけである。この若者については、どういう人物だったのか、なぜ彼だけがイエスのあとを追ったのか、何の説明もない。

イエスのことを心配してあとを追ったという点では、立派な弟子であるといえるのだが、誰かに着ていた亜麻布の端をつかまれたので、あわてて裸になって逃げたというのは、とても恥ずかしいエピソードである。これは弟子の行為を誉め讃えたものではないし、とくにその弟子を批判するものでもない。何の教訓にもなっていないこの話が、なぜ記述されているのか。

この話が、『マルコ』だけに記されているところから、これはマルコ自身の話ではないかという俗説が生まれた。

真偽のほどはわからない。しかしのちにペテロの側近となったマルコなら、当時からペテロと行動をともにしていたということは、充分に考えられる。ペテロがイエスのあとを追ったので、マルコはペテロのあとに続いた。そこで捕まりかけたので、あわてて裸で逃げた。

「シモン」を黒人が演ずる意味

逃げるというのは、罪であるが、罪があるからこそ、敬虔なキリスト教徒になれる。ここでマルコは自分の恥をさらすことで、秘かに信仰告白をしているのかもしれない。

もう一人、印象に残る人物がいる。

十字架にかけられる罪人は、裁きの場から刑場まで、自分がかかる十字架をかついで歩かされる。しかしイエスは強盗ではないし、熱心党の闘士でもないから、体力がなかったのだろう。そこでローマ兵は、キレネ人シモンという男に、イエスの十字架をかつがせることになる。

イエスの十字架をかついだということで、のちのキリスト教徒にとっては、この男はまさに英雄である。キリストの映画が作られると、このシモンという男は、黒人が演じることになる。キレネというのは確かに北アフリカの町だったようだが、当時もいまも、北アフリカにいるのはアラブ系の人々である。クレオパトラだって、黒人ではない。

しかしアメリカの黒人にはキリスト教徒が多いから、そういう人々へのサービスとして、映画を作る時は必ず黒人を起用することになっているようだ。もっとも、ミュージカル映画『ジーザス・クライスト・スーパースター』では、ユダが黒人で、マグダラのマリアは東洋人だった。

最後にもう一人、重要な人物について書いておこう。

イエスの母、マリアである。

母マリアに関する記述は、福音書の冒頭部に集中している。受胎告知と出産。それがすべてであるといっていい。しかしこの部分は、伝説的な色彩を帯びていて、実在感に欠けるエピソードである。

イエスが成人になってからも、母が登場する場面はある。まずはカナの婚礼である。生まれ故郷と同じ、ガリラヤの山岳地帯に、カナという村がある。そこで婚礼があって、母マリアもそこにいる。イエスは弟子たちを連れてここに参加し、水をブドウ酒に変えるという奇蹟を起こす。

ここでは、水がブドウ酒に変わるということだけがハイライトで、母とイエスの関係がとくに描かれるわけではない。

次にイエスの教団が大きくなった頃、マリアがイエスの兄弟を連れて訪ねてくる場面がある。この時イエスは、母に会おうとしない。肉親を特別扱いしないというイエスの姿勢がここで示される。ここでも、母マリアの個性は描かれないし、母と子の情愛といったものは無視されている。

福音書は、ほとんど「聖母マリア」に触れていない

なお、イエスに兄弟がいたとは思えないので、ここでマリアが連れてきたのは従弟と考えるべきだろう。『使徒行伝』にもイエスの弟といわれる人物が登場するが、これも従弟か、あるいは高弟というくらいの意味だと思われる。

最後にイエスが十字架にかかる場面を見てみよう。ここにも母マリアは登場するが、とくに嘆き悲しむ様子が描かれるわけではない。マグダラのマリアや、ヤコブとヨハネの母など、何人かの女たちの中に、イエスの母がいたことが記されるだけだ。ただ『ヨハネ』だけは、イエスが十字架の上から、愛弟子に母を託すくだりを短く記述している。

西洋の絵画では、さまざまなマリア像が描かれる。受胎告知のような、福音書に描かれた場面もあるが、十字架から下ろされたイエスの遺体を抱きしめるマリアといったイメージは、福音書にも記載されていないものだし、ましてマリアが天国に昇るシーンなどは、福音書がまったく言及していないものだ。

キリスト教はイエスが興した宗教だが、その後、ローマで公認され、世界的な宗教に変化していく。その過程で、土俗化し、変形していった面がある。ドイツ人やイギリス人などゲルマン民族は森の民であり、木の精や川の精、さらには妖精や怪物など、さまざまな神格を受け入れていた。またゲルマン民族が進出する前に、イギリスやフランス北部にいたケルト人には、母なる女神の信仰がある。これらが一体となって、現在のキリスト教の世界観が形成されている。

アーサー王伝説から『指輪物語』をへて、最近の『ハリー・ポッター』まで、ロマンスとかファンタジーに出てくる魔法使いや、一角獣や、火を噴く龍などのキャラクターは、本来はキリスト教とは無関係のキャラクターである。十字架上のキリストの血を受けたといわれる聖杯も、福音書には記されていない。

そうした、あとからキリスト教に付加されたイメージや概念の中で最大のものは、聖母マリアというキャラクターである。

ヨーロッパの田舎の小さな聖堂に入ると、イエスの姿はなく、ただマリア像だけがある場合が多い。キリスト教と呼ばれているものは、じつはマリア教ではないかと思われるほどである。しかし、福音書そのものは、聖母マリアについては、ほとんど何も語っていないのである。

8章

イエスとは何者だったのか

——神なのか、悪魔なのか、側近たちにもわからなかった

イエスにとってパンとは何だったのか

脇役が出揃ったところで、ここで改めて、イエスという人物を見つめてみることにしよう。

イエスとは何者なのか。イエスは何を目的として、活動を開始したのか。

ベツレヘムの宿屋の馬小屋で生まれたというのは、フィクションだろう。エジプトに逃げたという話は、マユツバである。マリアへの受胎告知も、話としては面白いが、イエスの活動に直接の関係はない。

イエスはガリラヤ州の山岳地帯の村で生まれた。ナザレのイエスと呼ばれていた。父親はダビデの直系のヨセフということになっているが、イエスの活動中に父親が姿を見せることはない。あるいは私生児だったのかもしれない。いずれにしろ、イエスは自らを「人の子」と語った。人間の肉体をもった神の子といった意味合いである。

イエスの父が、本当に神なのか、といったことは、ここでは問わない。イエスが神の子であるというのが、キリスト教の宗教原理になっていることは事実だ。そういう宗教原理によって、かつてない新しい宗教を築いたイエスという人物がいた。このことは、事実として認めていいだろう。

イエスは荒れ野で修行を積んだ。おそらくエッセネ派の仲間と、さまざまな哲学的議論を重ねたことだろう。その議論の一端が、福音書の中に記されている。すなわち、イエスと悪魔の論争である。

悪魔はイエスに問いかける。

「神の子なら、この石にパンになるように命じたらどうだ。」

イエスは答える。

「人はパンだけで生きるものではない、と書かれている。」

悪魔はイエスを高みに引き上げ、世界全体を見渡しながら言った。

「もしもわたしを拝するならば、この国の一切の権力を与えよう。」

イエスは答える。

「主を拝み、ただ主に仕えよ、と書かれている。」

最後に悪魔は、イエスをエルサレムの神殿の屋根に連れていく。

「神の子なら、ここから飛び降りてみせろ。」

イエスは答える。

「あなたの神である主を試してはならない、と言われている。」

悪魔が出てくると、いかにも伝説という感じがしてしまうが、修行者たちの間で交わされた哲学的議論を悪魔との対話という設定に置き換えたのだと考えれば、ここには大切な宗教原理が示されていることがわかるだろう。

「わたしが命のパンである」の意味は

ユダヤはローマに支配されている。異民族に搾取されているわけで、そのぶんだけ貧しい生活をしている。飢えた人間を救うためには、食料を確保するしかない。

具体的なパンというものが、貧民を救う唯一の手段ではないのか。こうした議論に対して、イエスは明確に答える。人はパンだけで生きるものではない。精神的な支えがなければ、人は充実した人生を歩むことはできない。

注意していただきたいのは、イエスが自分の言葉で答えているわけではないということである。「と書かれている」というふうに、「引用」で答えているのだ。修行者たちは肉体

イエスの出身地、ナザレ

的鍛錬をすると同時に、勉強もした。テキストは『旧約聖書』である。このテキストのどこに何が書かれているかという知識を競い合うことで、勉強の成果を試すということもあったのだろう。悪魔とイエスの問答は、勉強の成果を競い合う修行者たちの問答を反映しているのだ。

のちにイエスは、数千人の聴衆に、奇蹟によってパンを与えている。しかしパンを出してみせるといったことは、手品師だってできるわけだから、驚く必要はない。むしろパンを出さない時の方が、重要である。

「『神のパンは、天から降ってきて、世に命を与えるものである。』とイエスが言った時、群衆は口々に、『そのパンをいつもわたしにください。』と言った。するとイエスはこのように応える。『わたしが命のパンである。わたしのもとに来る者はけっして飢えることがなく、わたしを信じる者はけっして渇くことがない。』」

イエスは人間であって、パンではない。「わたしが命のパンである」というのは、もちろん、たとえ話である。イエスの教えの言葉が、民衆の心の糧になる。パンを食べても、すぐにお腹が空いてしまうが、一度聴いた言葉は忘れない。だから永遠に飢えることがないというのだ。

このように、実際にパンを出さずに教えを説く時のイエスに、キリスト教の本質的な部分が見えてくる。

民衆がかかえている悩みは、飢えや貧困ではない。民族意識の高いユダヤ人が、ローマに支配されているという屈辱こそが、最大の問題なのだ。屈辱を屈辱と感じない強い精神力が必要である。心を強くもって、民族というものへのこだわりを捨てる。そのためには、一人の人間として神の前に立ち、神に身をゆだねるということが必要だ。その仲立ちとなるのが、神の子としてのイエスであり、イエスが説く言葉なのだ。

イエスはエッセネ派の活動に限界を感じた。エッセネ派は自ら修行をして、グノーシスと呼ばれる叡智《えいち》によって神の領域に近づこうとする。神の領域に到達できたとしても、救われるのはその修行者だけだ。

無抵抗主義に込められたイエスの決意

より多くの民衆を救済しないといけない。イエスは決意をもって、荒れ野をあとにした。もっとも、イエスよりも先に、同じような思いで宗教の大衆化を目指していた修行者がいた。バプテスマのヨハネである。

イエスは先輩の顔を立てて、まずヨハネの洗礼を受ける。その後、少しずつヨハネの弟子を自分の弟子に取り込んでいく。イエスの当初の仲間は、同じエッセネ派のピリポ、バルトロマイらだけだったが、ヤコブとヨハネが多くの弟子を引きつれてイエスの弟子となってからは、大きな教団を率いることになる。

イエスの宗教活動は、ひたすら言葉を伝えるというものであった。その言葉は、当時のユダヤの民衆には、かなり過激なものと感じられたはずである。イエスは『旧約聖書』に書かれた律法にわざと背くような教えを説いた。たとえば有名な次のくだり。

「悪人に手向かってはならない。だれかがあなたの右の頰を打つなら、左の頰をも向けなさい。あなたを訴えて下着を取ろうとする者には、上着をも取らせなさい。だれかが、一ミリオン行くように強いるなら、一緒に二ミリオン行きなさい。求める者には与えなさい。あなたから借りようとする者に、背を向けてはならない。」

これは「目には目を、歯には歯を」という律法の教えに、あえて反論したものである。ケンカで目をつぶされたら、やり返して相手の目をつぶす。歯を折られたら、歯を折って復讐する。要するに、殴られたら殴り返せ、というのがユダヤの教えである。これに対して、殴られたら、もっと殴られなさい、というのがイエスの教えなのだ。

ここでイエスが語っている、頰を打つ者、下着を取ろうとする者、一ミリオン行くように強いる者というのは、ローマ軍を想定したものだろう。ユダヤ人はローマに税金を取られていた。税金が払えなければ、強制労働をさせられることもあった。ローマに搾取されても、取られっぱなしになっていなさい、とイエスは告げているのだ。反抗するな、復讐するなという、無抵抗主義の宣言でもあるが、殴られ続けることには勇気がいる。これはベトナム戦争の頃の僧侶の焼身自殺や、最近の自爆テロにも通じる、過激な思想と見ることもできる。

ぎりぎりの反骨精神が「愛」であった

イエスはまた、次のように言う。

「敵を愛し、自分を迫害する者のために祈りなさい。あなたがたの天の父の子となるためである。父は悪人にも善人にも太陽を昇らせ、正しい者にも正しくない者にも雨を降らせてくださるからである。自分を愛してくれる人を愛したところで、あなたがたにどんな報いがあろうか。徴税人でも、同じことをしているではないか。自分の兄弟だけに挨拶したところで、どんな優れたことをしたことになろう。異邦人でさえ、同じことをしているではないか。」

これは、「隣人を愛し、敵を憎め」というユダヤの教えへの反論である。

一見、博愛の精神を説いているように見えるが、状況を考えれば、違う見方ができるだろう。ユダヤを支配しているローマ軍は、強大である。殴られて殴り返したら、もっと強烈なパンチが返ってくる。抵抗できない敵を憎めば、やり場のない憎しみが果てもなくふくらんでいくことになる。

憎い敵を、逆に愛す。殴られたら、もっと殴れと言ってやる。これは開き直りに近い逆説である。

誰だって、殴られるのはいやだ。悔しいと思う。しかし、逃げたり、悔しがっているだけでは、屈辱だけが残る。殴られてもいい。悔しいとも思わないと、胸を張って宣言すれば、少なくともそのことを屈辱と感じる必要はない。

これは抑圧されたユダヤの状況を見据えた上での、ぎりぎりの反骨精神である。ローマを憎むのではなく、愛してやる。そしてローマ人たちのために祈ってやる。そうすれば、植民地という現実を超えて、ローマ人に対して、精神的な優位を保つことができる。それだけでなく、敵味方という概念を超え、民族の違いを超えて、ユダヤがローマに支配されているというこだわりから解放されることになる。

プライドの高いユダヤ人は、ローマに支配されることに屈辱を感じてしまう。しかしもっと大きなプライドをもって、異国人に支配されることなど何でもないというくらいの強い精神力と寛大さがあれば、屈辱を感じることはないはずである。イエスが説いたのは博愛や無抵抗主義ではない。むしろ精神的な暴力ともいうべき、ラディカルな発想の転換を求めたのだ。

静かに言い放つ「皇帝のものは皇帝に」

こうしたイエスの革新性と過激なまでの視野の広さは、民族主義にこりかたまっているユダヤ人、とくにパリサイ派の人々には、理解しがたいものであった。彼らの目には、ローマの支配を容認するイエスは、ただの卑怯者に見えた。

それではおまえは、ローマの手先なのか。ユダヤの民衆がローマに税金をとられることを認めるのか、とパリサイはイエスに詰め寄った。ローマに税金を払うべきだとイエスが公言すれば、民衆の支持を失うはずだ。パリサイ派はイエスの言葉を待ち受けた。

この時のイエスの言葉は、まさに名言である。

イエスはローマに税金を払うべきかと、その課税の金額の金貨を手にして詰問したパリサイ派に向かって問い返す。その金貨をよくご覧なさい。何が描いてありますか。パリサイ派は金貨を見つめる。ローマの貨幣であるから、皇帝の肖像が刻んである。パリサイ派がそのことを告げると、イエスは静かに言い放つ。「皇帝のものは皇帝に」と。

ユダヤは植民地としてローマ経済圏に組み込まれている。ローマ経済圏の中で金を稼いでおきながら、過剰に民族意識をあおろうとするパリサイ派に、イエスは現実を直視せよと命じる。手にした金貨を直視すれば、それがローマの貨幣であることがわかる。ローマのおかげで金を儲けたのなら、ちゃんと税金を払えばいいのだ。

ここで見られるように、イエスの狙いは、民衆を狭い民族主義の意識から解放することにある。そのためにあえて過激に、パリサイ派に論争をふっかけ、民衆の常識に反する論理を展開し、非難を恐れずに革新的な活動を展開した。

収税人マタイを使徒に加え、マグダラの娼婦マリアを側近にしたのも、民衆の常識をくつがえすためにとった、荒療治といえるかもしれない。わざと白眼視されるようなことをして、敵を挑発したのだ。

イエスはけっして、穏やかに、愛の教えを説いたわけではない。「右の頬を打たれたら左の頬を向けよ」という言葉は、言葉による先制攻撃というべきだろう。

言葉そのものが危険な武器であった

実際に暴力を振るったのは、生け贄業者の屋台を壊した時だけだが、イエスの言葉そのものが危険な武器であった。『ヨハネ』の冒頭には、「初めに言葉があった。」という有名なくだりがあるが、言葉は原理であり、真理であり、そしてイエスの敵にとっては、暴力そのものであったのかもしれない。

イエスの言葉にはそれだけの魅力があった。その魅力は、『福音書』を読むことで、わたしたちも確認することができる。『新約聖書』のページを開くだけで、イエスが語った言葉に、じかに接することができるのだ。

すでに述べたように、福音書の作者の違いによって、多少のヴァージョンの違いがあることは確かだが、四つの福音書を読みこなすことによって、多角的に、立体的に、イエスという人物のキャラクターが見えてくる。イエスの言葉は、現代のわたしたちの胸にも、鋭い刃となって突き刺さる。言葉が暴力であるということが、充分に伝わってくる。

すべての民衆が、イエスの提言を受け入れたわけではない。パンを出さずに、自分の肉を食え、とイエスが言った時には、多くの民衆が離れていった。改めてイエスの語った言葉を聞いてみよう。

「はっきり言っておく。人の子の肉を食べ、その血を飲まなければ、あなたたちの内に命はない。わたしの肉を食べ、わたしの血を飲む者は、永遠の命を得、わたしはその人を終わりの日に復活させる。わたしの肉はまことの食べ物、わたしの血はまことの飲み物だからである。わたしの肉を食べ、わたしの血を飲む者は、いつもわたしの内におり、わたしもまたいつもその人の内にいる。」

この言葉を文字どおり受け止めれば、人食い人種みたいな話になってしまう。こんな話は聞いていられない、と言って、多くの民衆が去っていくのも無理はない。

しかし、肉体とか血というのが、イエスが伝える「言葉」を象徴しているのだと理解できれば、イエスが言おうとしていることは、それほど難解ではない。

イエスは、たとえ話、すなわちシンボルやメタファーを用いて語ることが多かった。たとえば、次のような話を、ただちに理解できるだろうか。

彼は、八方美人の教祖ではなかった

「種をまく人が種まきに出ていった。まいている間に、ある種は道端に落ち、鳥が来て食べてしまった。ほかの種は、石だらけで土の少ない所に落ち、そこは土が浅いのですぐ芽を出した。しかし日が昇ると焼けて、根がないために枯れてしまった。ほかの種は茨の間に落ち、茨が伸びてそれをふさいでしまった。ところが他の種は、良い土地に落ち、実を結んで、あるものは百倍、あるものは六十倍、あるものは三十倍にもなった。耳のある者は聞きなさい。」

耳のある者は聞きなさい、と言われても、これはただの種まきの話ではないか。農業技術の話を聞かされても、一般の民衆には、何のことかわからない。もちろんこれは、たとえ話である。種が育って実を結ぶというのは、イエスの言葉が理解され、人から人へ伝えられるということだ。イエスが語る言葉は、最初は一粒の種だが、人から人へ伝えられれば、何百倍にも広がっていく。そのことが理解できれば、弟子は元気になる。

誰もがすぐわかる、わかりやすい話よりも、謎めいた語り口の方が、その謎が理解できた時の喜びが大きい。弟子としての特権を得たような気分になる。これが教祖としてのイエスの魅力だったのだろう。だがそこには、秘密結社のような危険な要素があることも事実だ。

八方美人のような教祖は、魅力的ではない。イエスの語る言葉は、暴力的で、何を言っているかわからないところがある。敵にとっては、意味不明の言葉を口走る狂信者というしかない。しかし逆に言えば、怖くて不気味なところがあるからこそ、その言葉が理解できた時には、この教祖のために命を献げたいという気持ちになる。

イエスは意図的に、民衆に挑戦状を叩きつけた。食事の前に手を洗わず、安息日に弟子たちを働かせた。また足の動かない人を治療し寝台を片づけよと命じたが、それも働いてはならない安息日だった。こうした常識破りの行動に、多くの民衆は反発を感じた。最終的にはエルサレムの群衆を敵に回して人民裁判のようなかたちで処刑されることになる。

十二使徒には、イエスの目的がわかっていたのか

イエスは「ダビデの子」として熱烈に支持される一方、「蝿の王ベルゼブル」だと恐れられた。

蝿の王というのは、悪魔の頭《かしら》の別名である。ユダヤは乾燥地帯で蝿はいなかった。だが、エジプトにいるツエツエ蝿は、風土病を媒介する。その噂が伝わってきて、蝿は恐れられていた。そこで悪魔の頭に、蝿の王という別名がつけられていたのだ。

イエスは悪霊にとりつかれた人間から、悪霊を追い祓った。その時、悪霊に出ていけと命令した。それを神の力だと見ることもできる。しかし悪霊が従うのは、神だけではな

い。悪魔の親方が命令したら、悪霊と呼ばれる小さな悪魔は従わざるをえないだろう。だからパリサイ派の中には、イエスは神ではなく悪魔だという噂を広める者があった。

イエスが湖の上を歩くシーンがある。弟子たちが船に乗って湖を渡ろうとすると、湖の上を静かに歩いている人物がいる。弟子の一人が思わず、「怪物だ」と叫ぶ。弟子の誰とは書いていないが、わたしは叫んだのはペテロではないかと思っている。だいたいトンチンカンなことをしてイエスに叱られるのがペテロの役目なのだ。確かに、湖の上を歩いてくる者がいたら、神の子と思うよりも、妖怪とか怪獣ではないかと考えるのがふつうだろう。

正直に言えば、わたしは自分が作家で、言葉にこだわりをもって生きているので、イエスの言葉というものに魅力を覚え、何よりもイエスの言葉を尊重したいと考えている。しかしイエスが当時の民衆に熱狂的に支持された第一の理由は、悪魔祓いや病気の治療の卓越した能力だったろう。これを超能力と簡単に呼んでしまっていいものか。

近代医学を信仰している人は、イエスが盲人の目を開き、足のなえた人を立たせたというエピソードに、疑いの目を向けるかもしれない。しかし古代にあっては、病気の多くは、悪魔や悪霊への恐れから生じる。恐れがストレスを生み、精神が病んで、それが症状となって現れるのだ。だから、適切な心理療法で、病は確実に治癒する。

現代医学でも、心理療法は脚光を浴びている。またアフリカやアジアのプリミティブな地域では、実際に祈禱師やまじない師が病人を治癒させているということが、事実として報告されている。

人にとりついた悪霊に語りかけ、悪霊と論争して、論破すれば、相手は「見破られた」などと捨てぜりふを残して退散し、とりつかれていた人は治癒する。その意味では、福音書に描かれたイエスの治療法は、合理的で現実的だといっていい。当時としては、このような治療法は常識であり、同じような祈禱師もたくさんいたことだろう。

ただイエスの場合は、その能力が傑出していた。あまりにも見事に治療を施すので、周囲の人々は驚き、神か悪魔かという恐れを抱いたのだ。イエスが一部の弟子や信者から熱狂的に支持された背景には、イエスのその種の不気味さがあった。少し怖いくらいのところがないと、魅力のある教祖にはなれない。

神なのか、悪魔なのか、あるいはわけのわからない怪物なのか。イエスの側近だった人々にも、明確な答えはなかったのかもしれない。まして一般の民衆にとっては、イエスは不可思議としかいいようのない存在であったろう。

とにかく、ただの人ではないという思いは、少なくとも十二使徒にはあったはずだ。十二使徒はイエスを信じ、イエスの教えを広めるために、命をかけて活動を続ける。だが、その段階になっても、イエスの本当の狙いには、誰も気づいていなかったのではないかと思われる。

ただマグダラのマリアだけが、不吉な予感を覚えて、イエスの体を香油で浄めた。これは死の儀式の先取りである。これに対し、イスカリオテのユダは、香油がもったいないと、合理的で経済的な批判をした。

この考え方の違いが、やがて破局をもたらすことになる。クライマックスの時が、目の前に迫っている。

9章

十字架上の死の意味とは何か

——自ら求め、そこが出発点だったのではないか

イエスの勢力に期待した人々

ガリラヤの民衆は、イエスを「ダビデの子」と称えた。

その出発点は、病人を次々に癒すイエスの超人的な能力だったろう。しかし同時に、エルサレムからやってきたパリサイ派の律法学者を、コテンパンに論破する、論争術の巧みさにも、驚嘆したはずである。首都エルサレムから見れば、ガリラヤは辺境の地である。彼らが異国だと見なしているサマリアよりも、さらに遠くにある。ガリラヤの民衆も、エルサレムやパリサイ派に対しては、一種の劣等感をもっていた。だからこそ、パリサイ派を形式主義の偽善者だと批判するイエスに、声援を送ったのだ。

そのイエスの人気に目をつけたのが、熱心党だった。熱心党は、武力闘争を推進するゲリラ集団である。ギリシャ人が支配していた頃のように、ユダヤ人が虐《しいた》げられ、貧困にあえいでいる状態なら、熱心党はもっと多くの支持者を集めることができただろう。しかしローマの巧みな植民地支配によって、ユダヤの民衆は、信仰の自由と自治権を与えられ、ローマの経済圏に属することで、ある程度の豊かさも得ていたのだった。

失うものが何もなければ、命がけで闘おうとする者も多いだろうが、反体制の気風の強いガリラヤにあっても、熱心党の勢力拡張には限界があった。たとえ植民地とされていても、平和と繁栄があればそれでよしとする人々も、少なくなかったのだ。

そこにイエスが出現した。イエスは大衆の心をつかんだ。大群衆がイエスのあとを追って移動するようになった。信者が増大するにつれて、バプテスマのヨハネを処刑した領主ヘロデ・アンティパスの弾圧も強くなる。そのため、イエスは州都のティベリアスには近づかず、ガリラヤ州の端にあるカペナウムや、州の外にあるベツサイダ、さらにはガリラヤ湖の東岸の、ギリシャ人が住むデカポリスなどを、逃げ惑うように巡回していた。

ここにイスカリオテのユダをはじめとする四人の使徒が加わった。使徒に選ばれたのは四人だが、その配下の熱心党員が、イエスの弟子として教団に加わっていたものと思われる。

なぜ、ローマと闘おうとはしなかったのか

イエスは保守的なパリサイ派を批判した。エルサレムに赴いた時は、神殿前で生け贄を

売る商人の屋台を破壊した。これは儀式宗教で利益を得ているサドカイ派への挑戦である。こうしたイエスの行動は、熱心党にとっても、望むところである。

一方で、熱心党が同意できない点もある。金貨の影像を指して、「皇帝のものは皇帝に」と言ったイエスは、ローマに対しては闘う意思を見せなかった。

そしてイエスは、自分が生け贄になって処刑されるという予言を口にするようになる。このあたりから、イエスとイスカリオテのユダの対立が顕著になる。

一方、神殿前で屋台を壊されたサドカイ派としても、イエスの教団を無視できなくなる。イエスがガリラヤの信徒を引きつれてエルサレムに乗り込んでくれば、商人の屋台を壊される程度の破壊ではすまなくなるだろう。大きな暴動が起これば、ローマの介入を許し、かろうじて許されている最高法院による自治権や、サドカイ派の利権が失われるおそれがあった。

ユダヤの民衆の支持を得ているパリサイ派としても、イエスの教団は脅威である。論争ではイエスに負けてしまう。病人の治療でも、イエスはパワーをもっている。とくに貧しい民衆の支持を得ようとする点では、イエスの教団とパリサイ派は、正面からぶつかるライバルである。

やがて、資金調達のためにエルサレム近郊のベタニアに赴いた使徒ヨハネ（ラザロ）が、パリサイ派の民衆に襲撃されるという事件が起こる。しかしこの窮地を、イエスは超能力でラザロを復活させるという奇蹟によって、逆転させる。イエスの信者はますます増えることになる。イエスの支持者の多くはガリラヤの民衆だが、新興の商人や収税人などの富裕層も資金援助をしていた。これに大きな組織をもつ熱心党が加わった。

首都エルサレムには、イエスを敵視し、警戒を強める気運が高まっている。そういう状勢の中で、イエスはあえて首都に乗り込んでいく。エルサレムの城門の前でイエスを迎え、歓呼の声を上げたのは、首都の周辺に住む貧しい民衆だった。ホサナ、ホサナと歓声を上げて、民衆はイエスを称えた。

しかし、エルサレムの城門の内部にいる民衆は、保守的なパリサイ派に率いられた、禁欲的で民族主義的な民衆だった。彼らはイエスを嫌悪し、イエスを憎むことで、日頃の欲求不満を晴らそうとする、抑圧された民衆である。貧民ではあるが、エルサレムの住人であることに誇りをもっている。郊外に住む大貧民や、ガリラヤの田舎者とは違うという、屈折した優越感と誇りをもっている。

ユダはイエスを利用できないと判断した

エルサレムの城内にも、イエスの支持者はいる。アリマタヤのヨセフである。そこで過越の祭の晩餐が開かれる。

ここに到るまでの経過を、イスカリオテのユダの立場から眺めてみよう。

イエスはガリラヤの民衆から、「ダビデの子」と称えられていた。ダビデは言うまでもなく武力でイスラエルを統一した英雄である。民衆の期待も、ユダヤ人の先頭に立って、ローマ軍を撃退するといったことにあったはずだ。熱心党にとっては、人気のある英雄の出現は、まことに好都合である。この英雄を利用して、念願の大反乱を起こしたいという野心をもって、ユダはイエスに近づいた。

そのために活動資金も提供し、ユダが会計係となって、イエスの教団を支援した。ここまでは、熱心党の思惑どおりの展開である。

しかしイエスは、ローマを相手に闘おうとはしない。さらに、自分は捕らえられ処刑されると予言をするようになる。そんなことをしないでくれと懇願したペテロに対しては、

「退け、サタン」と罵声を浴びせる。そしてわずかな人数を引きつれて、イエスに敵意を抱くパリサイ派系の民衆のいるエルサレムに乗り込んでいく。常識のある人間の目から見れば、イエスの行動は狂ったとしか思えない。

ここに到って、ユダはイエスを利用できないと決断したのだろう。ひそかにカヤパと連絡をとって、僚友のバラバの釈放に向けての画策を始める。

イエスは死を恐れていない。その点では最初から過激であった。しかし強大なローマ帝国を相手に反乱を起こせば、民衆をいたずらに悲惨な境遇に追い込むことになる。イエスが求めているものは、魂の救済である。それも、ユダヤ民族だけでなく、全人類の罪の浄めを実現させるという、途方もない野心を胸に秘めている。

ペテロだけが十字架の意味を知っていた

イエスの前に、イザヤの預言書がある。それは預言というよりも、救済とは何かという根本的な問いに対する、一つの提案である。

「屠《ほふ》り場に引かれる小羊のように、毛を切る者の前に物を言わない羊のように、彼は口を開かなかった。捕らえられ、裁きを受けて、彼は命をとられた。」

イザヤが描いたこの奇妙な英雄のイメージを、イエスは自分に重ねようとしている。アブラハムが神に献げようとした愛児イサクのように、イエスは自分自身を生け贄の小羊として、神と新たな契約を結ぼうとしている。

だがこの新約という概念は、すぐに理解されるものではない。イエスのあとに現れたパウロが、数多くの『手紙』と呼ばれる論文を書くことによって、ようやく初期キリスト教団の信徒の間に広まった、抽象的で難解な教義なのだ。だからこそ、イエスが自らの死を予言しても、ペテロをはじめ、使徒たちはイエスの意図を理解できなかった。

弟子たちは誰も、イエスの本当の意図を知らずに、エルサレムに乗り込んできた。

そして最後の晩餐に到る。

イエスはユダに、「なすべきことをなせ」と命じる。ユダは席を立つ。

ここでイエスは、残った使徒たちに、パンを分け与える。

「取って食べなさい。これはわたしの体である。」

また杯を取り、使徒たちに手渡す。

「皆、この杯から飲みなさい。これは罪が許されるように、多くの人のために流されるわたしの血、契約の血である。」

この段階では、使徒たちはイエスが何を言おうとしているのか、まったくわからない。イエスが逮捕され、ペテロの否認があり、その直後にイエスが十字架にかかる。そのことによってようやく、ペテロだけが、胸の痛みとともに、イエスが流す血の意味を理解するのである。

パンと赤ブドウ酒に象徴されるもの

この結果、パンと赤ブドウ酒は、イエスの肉体の象徴となる。同時に、イエスが残した教団と、教えの言葉もまた、パン（教団）と赤ブドウ酒（言葉）によって象徴されることになる。この二つは、カトリック教会における儀式では、なくてはならないものだ。

なお先にも述べたように、最後に使徒たちが飲んだ杯を、晩餐の館の主であるアリマタヤのヨセフが所持し、槍で刺された時に流れ出たイエスの血を受けたという伝説が生まれる。聖杯である。

アリマタヤのヨセフはまた、すでに亡くなっているイエスの足の骨を折らないでくれとローマ兵に頼んだことでも知られている。過越の祭の小羊は、骨を折ってはならない。これは福音書にも記載されている事実である。ということは、少なくともアリマタヤのヨセフは、イエスが生け贄の小羊として十字架にかかったということを認識していたことになる。

その後、イエスは使徒たちとともに、ゲツセマネという地へ赴き、神に祈る。これはオリーブ山とも呼ばれる小高い丘である。イエスは他の使徒を残して、三人の使徒だけを連れて丘の上に昇っていく。三人とは、ペテロ、ヤコブ、ヨハネである。しかしこの三人も丘の中腹に残される。

丘の上でイエスは、一人きりになって、神に語りかける。

「父よ、できることなら、この杯をわたしから過ぎ去らせてください。しかし、わたしの願いどおりではなく、御心のままに行ってください。」

ここはキリストの生涯を描いた映画などでは、山場となる場面だ。イエスには迷いがある。できれば死にたくない。しかし、神との新たな契約を結ぶためには、十字架上の死は避けることができないのだ。迷い、嘆き、神に訴えるイエスの姿には、哀愁がただよっている。

「復活」するのなら悲しむ必要はないはずだが

偉大な英雄にしては、往生際が悪いという気もするが、これは福音書の作者たちの演出だろう。イエスの死には、どうしても悲劇性が必要だった。アブラハムがイサクを殺そうとする場面も愁嘆場だが、神の子が死のうとしている場面にも、同じような悲しみがなければならない。しかしよく考えてみると、神の子なのだから、人間と同じように死んでしまうわけではない。そのことがわかっていれば、イエスは、その後、復活した姿を弟子たちの前に現すのである。そのことがわかっていれば、イエスの死を悲しむ必要はないともいえるのである。

このあたりが、キリスト教というものの、最も難しいところである。イエスを神の子とすると、人間のように死んで命がなくなるわけではないので、死の悲劇性がうすれてしまう。また、イエスを人間とした場合も、一種の確信犯で、自分の意思で十字架にかかったのだとしたら、悲しむ必要はないといえる。だがそれでは、イエスの死の場面に盛り上がりがなくなってしまう。そのために共観福音書の作者たちは、こぞってこのゲツセマネの祈りの場面を描いたのだろう。

しかし『ヨハネによる福音書』だけは、違う描き方をしている。同じようにイエスが神に語りかける場面はあるが、ヨハネが描くイエスには、迷いも嘆きもない。

「父よ、時が来ました。あなたの子があなたの栄光を現すようになるために、子に栄光を与えてください。あなたは子にすべての人を支配する権能をお与えになりました。そのために、子はあなたにゆだねられた人すべてに、永遠の命を与えることができるのです。永遠の命とは、唯一まことの神であられるあなたと、あなたのお遣わしになったイエス・キリストを知ることです。わたしは、行うようにとあなたが与えてくださった業を成し遂げて、地上であなたの栄光を現しました。」

こちらのイエスは、確信をもっている。イエスの言葉を再確認しよう。「永遠の命」とはすなわち「イエス・キリストを知ること」ということであり、イエスの活動とはそのことを地上に知らしめることであったが、いまその業は、「成し遂げる」ことができた、という論理展開である。

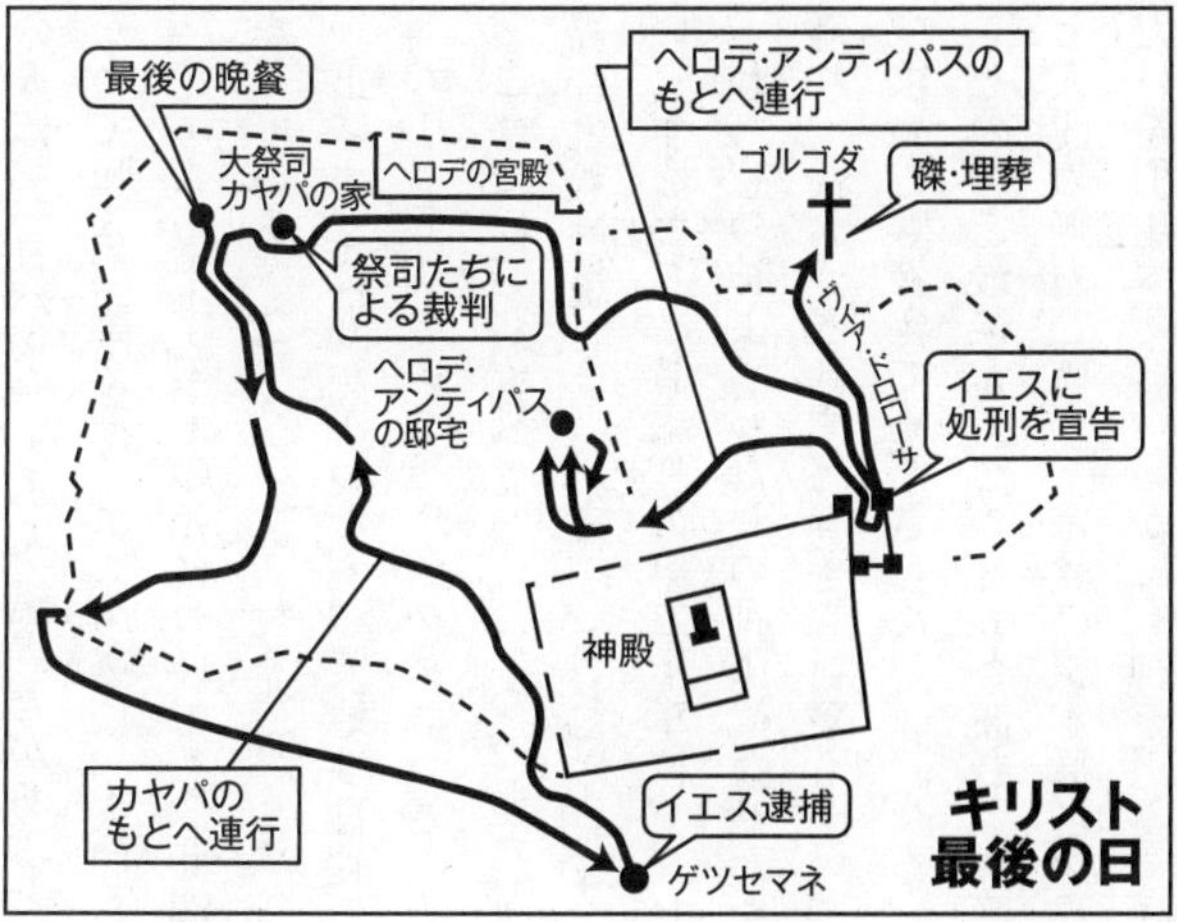

神がイエスを「お見捨てになった」本当の意味

『ヨハネ』の作者はエッセネ派に近く、「知ること」（グノーシス）が魂の救済をもたらすという、エッセネ派の理念で、イエスの生涯をとらえようとしている。神が肉体をもった「わが子」を地上に派遣した。そのことを認識すれば、すべての民は救済されるのである。その認識によって、われわれは「永遠の命」を得ることができる。

『ヨハネ』は「契約」よりも、「認識」を優先させている。他の三つの福音書が共観福音書と呼ばれるのに対し、『ヨハネ』は独自の哲学を展開する。理屈っぽい人や、哲学好きの人は、『ヨハネ』の方が説得力があると感じるかもしれないが、一般の民衆は、神に向かって嘆き、訴えるイエスの姿に、人間らしさを感じ、胸打たれることになるのだろう。

イエスの十字架上の死についても、共観福音書と『ヨハネ』では、まったく違う書き方をしている。『マタイ』や『マルコ』は、イエスの悲劇性を強調する。

正午すぎにもかかわらず、天地は日食のように暗くなる。そしてイエスは叫ぶ。

「エリ、エリ、レマ、サバクタニ」

これは、「わが神、わが神、なぜわたしをお見捨てになったのですか」という意味だと福音書も解説しているが、これはイエスの言葉ではなく、『旧約聖書』の引用にすぎない。すなわち『詩編』の第二十章に、ダビデの詩だとされる次のような詩がある。

「わたしの神よ、わたしの神よ/なぜわたしをお見捨てになるのか。/なぜわたしを遠く離れ、救おうとせず/呻きも言葉も聞いてくださらないのか。/わたしの神よ/昼は、呼び求めても答えてくださらない。/夜も、黙ることをお許しにならない。」

その詩を最後までじっくりと読むと、嘆きや恨みを訴えているのではなく、神の偉大さと人間の無力という、宗教の根本原理を述べているにすぎない。しかし、詩の最初の部分だけを引用すると、いかにも神を恨み、嘆き悲しんでいるように見える。つまり福音書の作者は、意図的にこの部分だけを引用しているのだ。

『ヨハネ』の作者にとって、イエスの死は悲劇ではない

もちろん、イエスはこんなことを口にしなかったはずだ。それは『ルカ』が描く同じシーンに、この詩の引用がないことからも明らかである。

やはり日食のような暗闇が空をおおう。神殿の垂れ幕が裂ける。そしてイエスが口を開く。「父よ、わたしの霊を御手にゆだねます。」イエスのせりふはこれだけである。

いかにも合理主義者のルカらしいシンプルな記述であり、『マタイ』や『マルコ』のようにセンチメンタルでないところがいい。どちらの記述が正しいかということは、ここでは問題ではない。福音書の作者が描いた多様なイエスのイメージを、われわれは自分の感性で受け止めて、自分のイエス像を描けばいいのだ。

『ヨハネ』が描くイエスの最期は、他の三つとはまったく違っている。ここでは日食は起こらない。白昼の輝かしい陽射しの中で、イエスは最期を迎える。

「成し遂げられた。」

これが『ヨハネ』が記すイエスの最期の言葉である。

このように、『ヨハネ』の作者にとっては、イエスの死は悲劇ではない。イエスが神の子としてこの地上に現れ、生け贄の小羊として神と新たな契約を結ぶ。その事実を認識し、新たな契約の意味を理解した者は、その瞬間、すでに神の領域に到達しているのである。これを「永遠の命」と呼ぶ。

最後の審判という概念がある。これはイエスが積極的に提唱したものではない。むしろ当時のユダヤに広がっていた終末観に、イエスが新たな提言をしたものと見ていいだろう。

バビロンの捕囚の時代に現れた預言者は、閉ざされた現実を積極的に打開するような、バラ色の未来を預言することができなかった。そこで、終末というイメージを提案した。

「最後の審判」は願望であった

最後の日に、すべての人間は裁きを受ける。いまは貧しく、虐げられている人々も、最後の審判によって救われる。これは、現実的には救われる可能性の少ないユダヤ人たちが考え出した、ぎりぎりの希望であり、奇蹟的な逆転満塁ホームランのような願望である。ローマに支配されていたイエスの時代の民衆にも、この種の終末観が広がっていた。最後の審判では、すべての人々が、神の前で、その生涯の罪を裁かれることになる。そして罪なき者だけが神とともに天国で永遠の命をさずかり、それ以外の者は地獄に堕ちることになる。このイメージは強烈で、カトリックの総本山のバチカンにあるシスティーナ礼拝堂にも、巨大な壁画が描かれているほどだ。

しかし『ヨハネ』によれば、最後の審判を待つまでもなく、イエスが神の子であることを「認識」するだけで、人は「永遠の命」をさずかることになる。これは死海のクムラン僧院や荒れ野の修行者が求めていたものに近い。修行者たちは、神の領域を認識することを求めていた。とはいえその認識のためには、断食などの厳しい肉体的修行と、難解な哲学の習得が必要であり、一般の民衆には手の届かない世界だった。『ヨハネ』が伝える「認識」は、民衆に希望を与える。わたしたちはただ「神の子」を認識するだけで、その神の領域に到達することができるのだ。

一方、共観福音書の方は、ペテロの体験を通じて、罪を負った人間がイエスによって救済される、ということを強調する。ここでは罪の痛みと、イエスの悲劇性が重ね合わされる。『ヨハネ』が知性に訴えるのに対し、共観福音書は感性に訴える。

この違いは、キリスト教会が東西に分裂した時に、二つの教会の差異となって現れる。ペテロがローマで殉教したことはすでに述べた。多くのキリスト教徒が殉教し、初期キリスト教団はローマの弾圧を受ける。しかしキリストの教えは、確実に、ローマ帝国の全域に拡がっていく。四世紀の初め、帝国の内部に乱れが起こった時、皇帝はむしろ、多くのローマ市民が信仰しているキリスト教で、国内を統一すべきだと判断して、キリスト教を公認する。

やがてローマ帝国は東西に分裂する。ペテロの墓の上に建てられたローマ教会は、罪の意識を教義の中心に据える。一方、バプテスマのヨハネの教えが広まっていた小アジア(トルコ)に近い東方教会は、認識の方を重んじることになる。『ヨハネ』は明らかに、バプテスマのヨハネの流れをくんでいる。

最大の奇蹟は『新約聖書』が残ったことである

ローマ教会と東方教会。この二つは、どちらも自分たちがキリスト教の正統だと自認していた。ローマ教会はカトリック（普遍的）と名乗り、東方教会はオーソドックス（正統的）と名乗る。ローマ教会が聖書をラテン語に翻訳して聖典としたのに対し、東方教会はギリシャ語聖書を守り続けたため、ギリシャ正教と呼ばれることもある。カトリックがイエスやマリアの彫像を礼拝堂に据えるのに対し、偶像崇拝を恐れた東方教会は、イコンと呼ばれる絵画を拝するにとどめた。

ちなみに、わたしたち現代人は、毎日、イコンを眺めて暮らしている。パソコンやスマホの画面に表示される、そこをクリックすればアプリケーションが動き出すマーク（英語の発音でアイコンと呼ばれる）は、まさに現代のイコンである。

東方教会があったコンスタンティノポリス（現在のイスタンブール）は、イスラム教徒によって滅ぼされた。しかし正教はロシアに伝えられて、大きく発展することになる。そのロシアから、正教は日本にも伝えられた。東京のお茶の水にあるニコライ堂がそれである。

ローマ教会の方は、ゲルマン民族の悪魔のイメージなどを吸収しながら発展する。ヨーロッパのゴシック教会の外壁には、さまざまな悪魔や怪獣のイメージが彫像となって配置されている。これはイエスが説いた『新約聖書』とは何の関係もないものである。カトリック教徒は、聖書などは読まなかった。ラテン語が読めるのは聖職者に限られていた。カトリックは形骸化していく。信徒は誰も聖書を読まず、ただ教会で神父の話を聞くだけだ。やがて教会は免罪符というお札を売り出して、金さえ出せば罪が浄められると説くようになる。これはサドカイ派がエルサレムの神殿の前で、生け贄の動物を業者に売らせていたのと同じことだ。イエスが業者の屋台を壊したことなど、神父が語るはずもなかった。イエスがまさに批判したような宗教の形骸化が、イエスの教えを広めるはずのキリスト教団で生じてしまったのだ。

十六世紀になって、聖書をちゃんと読もうという運動が興った。彼らは形骸化したカトリックに抗議(プロテスト)をしたため、プロテスタントと呼ばれた。プロテスタントの進出は、宗教改革と呼ばれ、イギリス、オランダ、アメリカなどの商業の発達や産業革命に貢献したといわれている。

この本のページもあとわずかになった。最後に、聖書についての、わたし自身の感想を記しておこう。

イエスが神の子なのか、ただの人なのかということを、わたしは問題にしない。福音書に書かれている言葉が、本当にイエスが語った言葉なのか、福音書作者のフィクションなのかも、大きな問題ではない。四つの福音書から、イエスという人物が実在したことの確かな手応えが伝わってくる。それで充分だとわたしは思っている。

そして、福音書に書かれたイエスの言葉や、後半の『手紙』に書かれたパウロの思想に、ある種の驚きと、畏敬の念を覚える。イエスの発想の新しさと、生涯を通じて貫き通した過激さに、感動を覚える。

イエスが起こした数々の奇蹟を信じるかと問われれば、わたしはこう答えるだろう。死人が生き返り、盲人の目が開かれるよりも、もっと大きな奇蹟がある。イエスの言葉を収録した『新約聖書』という書物が、いまわたしたちの目の前にある。それこそが最大の奇蹟なのだとわたしは思っている。

本書は、２００４年11月弊社より新書『ユダの謎　キリストの謎』として
発行されたものを、加筆・修正のうえ文庫化したものです。

ユダの謎　キリストの謎

一〇〇字書評

切り取り線

購買動機（新聞、雑誌名を記入するか、あるいは○をつけてください）	
□（　　　　　　　　　　　　）の広告を見て	
□（　　　　　　　　　　　　）の書評を見て	
□ 知人のすすめで	□ タイトルに惹かれて
□ カバーがよかったから	□ 内容が面白そうだから
□ 好きな作家だから	□ 好きな分野の本だから

●最近、最も感銘を受けた作品名をお書きください

●あなたのお好きな作家名をお書きください

●その他、ご要望がありましたらお書きください

住所	〒				
氏名		職業		年齢	
新刊情報等のパソコンメール配信を 希望する・しない	Eメール	※携帯には配信できません			

あなたにお願い

この本の感想を、編集部までお寄せいただけたらありがたく存じます。今後の企画の参考にさせていただきます。Eメールでも結構です。

いただいた「一〇〇字書評」は、新聞・雑誌等に紹介させていただくことがあります。その場合はお礼として特製図書カードを差し上げます。

前ページの原稿用紙に書評をお書きの上、切り取り、左記までお送り下さい。宛先の住所は不要です。

なお、ご記入いただいたお名前、ご住所等は、書評紹介の事前了解、謝礼のお届けのためだけに利用し、そのほかの目的のために利用することはありません。

〒一〇一‐八七〇一
祥伝社黄金文庫編集長　萩原貞臣
☎〇三（三二六五）二〇八四
ohgon@shodensha.co.jp

祥伝社ホームページの「ブックレビュー」からも、書けるようになりました。
http://www.shodensha.co.jp/bookreview/

祥伝社黄金文庫

ユダの謎《なぞ》　キリストの謎《なぞ》
——こんなにも怖《こわ》い、真実《しんじつ》の「聖書《せいしょ》」入門《にゅうもん》

令和 元 年 11 月 20 日　初版第 1 刷発行

著　者　三田誠広《みたまさひろ》
発行者　辻 浩明
発行所　祥伝社《しょうでんしゃ》
〒101－8701
東京都千代田区神田神保町 3－3
電話　03（3265）2084（編集部）
電話　03（3265）2081（販売部）
電話　03（3265）3622（業務部）
www.shodensha.co.jp
印刷所　堀内印刷
製本所　積信堂

造本には十分注意しておりますが、万一、落丁・乱丁などの不良品がありましたら、「業務部」あてにお送り下さい。送料小社負担にてお取り替えいたします。ただし、古書店で購入されたものについてはお取り替え出来ません。

Printed in Japan　　ISBN978-4-396-31771-3 C0121